閏年　令和6年略暦　甲辰

西暦2024年・皇紀2684年

小		大	
二	一日 丙寅	一	一日 乙丑
四	一日 戊辰	三	一日 丁卯
六	一日 庚午	五	一日 己巳
九	一日 癸酉	七	一日 辛未
十一	一日 乙亥	八	一日 壬申
		十	一日 甲戌
		十二	一日 丙子

国民の祝日

元日	一月一日
成人の日	一月八日
建国記念の日	二月十一日
天皇誕生日	二月廿三日
春分の日	三月廿日
昭和の日	四月廿九日
憲法記念日	五月三日
みどりの日	五月四日
こどもの日	五月五日
海の日	七月十五日
山の日	八月十一日
敬老の日	九月十六日
秋分の日	九月廿二日
スポーツの日	十月十四日
文化の日	十一月三日
勤労感謝の日	十一月廿三日

民俗行事

旧元日	二月十日
初午	二月十二日
ひな祭り	三月三日
花まつり	四月八日
メーデー	五月一日
端午	五月五日
七夕	七月七日
ぼん	七月十五日
十五夜	九月十七日
十三夜	十月十五日
七五三	十一月十五日

甲子
一月一日、三月一日、四月卅日、六月廿九日、八月廿八日、十月廿七日、十二月廿六日

天赦
一月一日、三月十五日、五月卅日、七月廿九日、八月十二日、十月十一日、十二月廿六日

八専
二月十八日、四月十八日、六月十七日、八月十六日、十月十五日、十二月十四日

庚申
二月廿六日、四月廿六日、六月廿五日、八月廿四日、十月廿三日、十二月廿二日

土用
一月十八日、[illegible]、[illegible]五日、[illegible]一日

十方暮れ
一[illegible]、三[illegible]、五[illegible]日、七月[illegible]日、九月[illegible]日、十一月[illegible]五日

己巳
一月六日、三月六日、五月五日、七月四日、九月二日、十一月一日、十二月卅一日

彼岸
三月廿日、[illegible]廿二日

三伏日
初伏	七月十五日
中伏	七月廿五日
末伏	八月十四日

二十四節気

小寒	一月六日
大寒	一月廿日
立春	二月四日
雨水	二月十九日
啓蟄	三月五日
春分	三月廿日
清明	四月四日
穀雨	四月十九日
立夏	五月五日
小満	五月廿日
芒種	六月五日
夏至	六月廿一日
小暑	七月六日
大暑	七月廿二日
立秋	八月七日
処暑	八月廿二日
白露	九月七日
秋分	九月廿二日
寒露	十月八日
霜降	十月廿三日
立冬	十一月七日
小雪	十一月廿二日
大雪	十二月七日
冬至	十二月廿一日

日曜表

一月	七日、十四日、廿一日、廿八日
二月	四日、十一日、十八日、廿五日
三月	三日、十日、十七日、廿四日、卅一日
四月	七日、十四日、廿一日、廿八日
五月	五日、十二日、十九日、廿六日
六月	二日、九日、十六日、廿三日、卅日
七月	七日、十四日、廿一日、廿八日
八月	四日、十一日、十八日、廿五日
九月	一日、八日、十五日、廿二日、廿九日
十月	六日、十三日、廿日、廿七日
十一月	三日、十日、十七日、廿四日
十二月	一日、八日、十五日、廿二日、廿九日

雑節

節分	二月三日
八十八夜	五月一日
入梅	六月十日
半夏生	七月一日
二百十日	八月卅一日

※本書は2023年6月に製作しました。掲載の祝日は「国民の祝日に関する法律」により変更される場合があることをご了承ください。

目次

暦の基礎知識 3

本年の方位の吉凶と、暦の見方や基本的な用語について詳しく解説しています。

行事・祭事 29

行事、旧暦、六輝、暦注、東京・大阪の日出入、満干潮の時刻などを掲載しています。

九星別運勢と方位の吉凶 55

九星別の年運・月運・吉日、方位の吉凶を掲載しています。生まれた年から自分の九星を調べ(56～57ページ参照)、毎日の生活の指針にしてください。

実用百科 116

人相や手相の見方、家相など、実用的な情報が満載です。

高島易断吉運本暦

暦の基礎知識

令和6年・年盤座相

西暦2024年

甲辰《きのえたつ》　三碧木星《さんぺきもくせい》

覆燈火《ふくとうひ》　鬼宿《きしゅく》

(吉神・凶神)

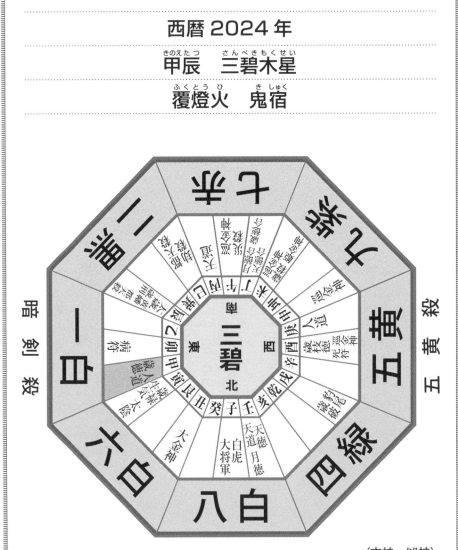

本年の方位吉凶の説明

令和六年は、甲辰三碧木星中宮《きのえたつさんぺきもくせいちゅうぐう》で、納音《なっちん》は覆燈火《ふくとうひ》、二十八宿は鬼宿《きしゅく》にあたります。前ページ令和六年の年盤座相のように三碧が中央に配され、北に八白、東北に六白、東に一白、東南に二黒、南に七赤、西南に九紫、西に五黄、西北に四緑がそれぞれ配されます。

従って今年の五黄殺《ごおうさつ》は西、暗剣殺《あんけんさつ》は東です。歳破《さいは》は戌《いぬ》の方位になります。

これによって、本年二月立春から翌年の節分までの方災は次のようになります。西、東、戌の方位に向かっての普請、動土、造作、改築、土木工事、長期旅行、移転などをすることは、どなたにも大凶となります。各人の本命星が回座しているところを本命殺、その反対側を本命的殺と称し、五黄殺、暗剣殺、歳破と共に大凶方となります。これらの方位を犯しますと、すべてに厳しい方《ほう》災《さい》が生じます。

なお神殺《しんさつ》と称して、十干と十二支により、子方《ねのかた》に大将《だいしょう》軍《ぐん》、白狐《びゃっこ》、丑方《うしのかた》に大金神《だいこんじん》、寅方《とらのかた》に太陰《たいいん》、卯方《うのかた》に病符《びょうふ》、辰方《たつのかた》に黄幡《おうばん》、都天殺《とてんさつ》、歳刑《さいぎょう》、巳方《みのかた》に都天殺《とてんさつ》、劫殺《ごうさつ》、午方《うまのかた》に巡金神《めぐりこんじん》、災殺《さいさつ》、未方《ひつじのかた》に巡金神《めぐりこんじん》、姫金神《ひめこんじん》、歳殺《さいさつ》、申方《さるのかた》に巡金神《めぐりこんじん》、酉方《とりのかた》に巡金神《めぐりこんじん》、死符《しふ》、戌方《いぬのかた》に歳破《さいは》、豹尾《ひょうび》などが回座《かいざ》しています。

これらの主な神殺については、7ページからの方殺との説明をご参照ください。

本年の吉神処在方

本年は東方のうち、甲方《きのえのかた》が歳徳《としとく》にあたり、恵方《あきのかた》となります。甲方《きのえのかた》に歳徳《としとく》、人道《じんどう》、辰方《たつのかた》に太歳《たいさい》、丙方《ひのえのかた》に天道《てんどう》、丁方《ひのとのかた》に月徳合《げっとくごう》、歳徳合《としとくごう》、天徳《てんとく》合《ごう》、庚方《かのえのかた》に人道《じんどう》、酉方《とりのかた》に歳枝徳《さいしとく》、壬方《みずのえのかた》に天道《てんどう》、天徳《てんとく》、月徳《げっとく》、寅方《とらのかた》に歳禄《さいろく》、生気《せいき》が回座しています。

二十四山の同じ方位に吉神、凶神が回座する場合は、吉神が凶神を制化することが原則です。ただし五黄殺、暗剣殺、歳破が回座する方位は制化できません。

本年の八将神、金神の処在方

● 八将神の処在方

太歳神《たいさいじん》 **辰方**《たつのかた》
この方位に向かっての、樹木の伐採掛け合い、談判などは凶。

大将軍《だいしょうぐん》 **子方**《ねのかた》
この方位に向かっての、動土、普請、移転、旅行などは凶。

太陰神《だいおんじん》 **寅方**《とらのかた》
この方位に向かっての、出産、結婚など女性に関することは凶。

歳刑神《さいぎょうじん》 **辰方**《たつのかた》
この方位に向かっての、種播き、樹木の伐採、動土は凶。

歳破神《さいはじん》 **戌方**《いぬのかた》
この方位に向かっての、普請、造作、移転、旅行などは凶。

歳殺神《さいさつじん》 **未方**《ひつじのかた》
この方位に向かっての、結婚、出産、移転、旅行などは凶。

黄幡神《おうばんじん》 **辰方**《たつのかた》
この方位に向かっての、建築、移転、結婚などは凶。

豹尾神《ひょうびじん》 **戌方**《いぬのかた》
この方位に向かっての、従業員の採用、家畜を求めることなどは凶。

● 金神の処在方

動土、普請、移転、婚礼などを忌む。

大金神《だいこんじん》……丑方《うしのかた》
姫金神《ひめこんじん》……未方《ひつじのかた》
巡金神《めぐりこんじん》……午方《うまのかた》、未方《ひつじのかた》、申方《さるのかた》、酉方《とりのかた》

● 凶方神の遊行日

大将軍は三年塞がりの大凶方ですが、遊行日を利用すれば障りはありません。金神も同様ですが、九紫火星か天道、天徳、月徳を用いると障りがありません。

○大将軍の遊行日
春…甲子《きのえね》より五日間は東方　夏…丙子《ひのえね》より五日間は南方
秋…庚子《かのえね》より五日間は西方　冬…壬子《みずのえね》より五日間は北方
土用…戊子《つちのえね》より五日間は中央

○金神遊行日
甲寅《きのえとら》より五日間は南方　丙寅《ひのえとら》より五日間は西方
戊寅《つちのえとら》より五日間は中央　庚寅《かのえとら》より五日間は北方
壬寅《みずのえとら》より五日間は東方

○金神四季遊行日
春…乙卯《きのとう》より五日間は東方　夏…丙午《ひのえうま》より五日間は南方
秋…辛酉《かのととり》より五日間は西方　冬…壬子《みずのえね》より五日間は北方

方殺とは

■五黄殺《ごおうさつ》 その年の方位盤と毎月の方位盤の五黄土星が飛泊する方位をいいます。本来、五黄土星は中央を定位置として徳を備えていますが、殺伐の気も強烈で、すべてのものを包み込む作用があるとされます。

これを犯す時は事業の不調、失業、長期にわたる疾患、盗難、死亡などの凶現象が現れ、どのような吉神の徳も効果がないので、厳に避けなければなりません。

■暗剣殺《あんけんさつ》 五黄殺の正反対側になり、中央に座す（中宮）星の定位置です。すべてを統括する五黄以外の位のないものが中央に入るため、定位は暗剣の作用を受けることになります。多くの場合は本業以外で悪いことが起こりがちになり、色情問題や他人の保証で迷惑をこうむったり、肉親縁者のことでトラブルが起こり損害や迷惑を受けるので、この方位への移転は厳に慎みます。

■本命殺《ほんめいさつ》 年、月共に自分の本命星の座所の方位を指します。この方位を犯すと、多くの場合、健康に影響します。修理、移転、婚礼なども不可です。

■本命的殺《ほんめいてきさつ》 自分の本命星の位置する方位の反対側の方位を指します。この方位を犯すと、精神的な悩みを誘発することがあります。

■歳破《さいは》（月破《げっぱ》） 年（月）の十二支の対冲にあたり、破の文字が示すように物事に破れの作用を現すものです。相談事の不調、縁談などの不成立、対人的不和、争論などの災いがあります。

■定位対冲《ていいたいちゅう》…定位対冲とは、各九星がその本来の定位置の反対側に座した時の方位をいいます。この方位を犯すと凶現象を示すとされますが、事情によってはわざわざこの方位を用いさせ、吉兆を得ることがあります。

■都天殺《とてんさつ》…五黄殺に匹敵する力を持つといわれ、この方位に向かって何事をするにも凶とされます。

■白虎《びゃっこ》…非常に殺伐の気が盛んとされます。この方位に向かっての普請、動土は慎むこととされています。

■病符《びょうふ》…前年の太歳神の跡に位置し、病気に注意を要する方位で、これを犯すと一年後に発病します。健康に自信のない人は特に注意してください。

■死符《しふ》…前年の歳破神の跡に位置し、墓地を買ったり墓を作ったりする時に用いてはならない方位です。これを犯すと、五年にして主人の死に遭うとされています。

■劫殺《ごうさつ》・災殺《さいさつ》…二神とも歳殺神に次ぐ凶方とされ、歳殺神と合わせ「三殺」の意になります。この方位に向かって普請、動土、修築、造作をすると、盗難、病難を招くといわれています。

方位盤の見方

暦をご覧になる方のほとんどが、まずいちばんに関心を抱かれるのがご自分の運勢、次いで方位の吉凶に関することのようです。暦を正しく理解し、活用していただくために、ぜひ心得ていただきたい方位の見方の予備知識について説明しましょう。

■方位盤

暦に掲げてある八角形の方位盤は、円周三百六十度を八等分して四十五度ずつにしてあります。そして東・西・南・北の四正《しせい》と、東南（巽）、西南（坤）、西北（乾）、東北（艮）の四隅《しぐう》をそれぞれ配置して、八方位にしてあります。通常地図に用いられている方位は常に北が上部になって、南が下部になっていますが、暦上の方位盤は南が上部になっているのが特徴ですから、間違いのないように注意してください。

■二十四山《にじゅうしざん》と八宮の名称

○**二十四山**　方位盤の八方位には毎年、毎月回座する九星が配置してあります。そしてこの一角ずつをさらに十五度ずつ三つに分割して三山とし、全八角に二十四山が配当されています。

○**坎宮**《かんきゅう》　北方の四十五度の一角を坎宮《かんきゅう》と称して、壬《みずのえ》、子《ね》、癸《みずのと》に三等分してあります。

○**艮宮**《ごんきゅう》　北方と東方の中間の四十五度一角を艮宮《ごんきゅう》と称して、丑《うし》、艮《ごん》、寅《とら》に三等分してあります。

○**震宮**《しんきゅう》　東方の四十五度の一角を震宮《しんきゅう》と称して、甲《きのえ》、卯《う》、乙《きのと》に三等分してあります。

○**巽宮**《そんきゅう》　東方と南方の中間四十五度の一角を巽宮《そんきゅう》と称して、辰《たつ》、巽《そん》、巳《み》に三等分してあります。

○**離宮**《りきゅう》　南方の四十五度の一角を離宮《りきゅう》と称して、丙《ひのえ》、午《うま》、丁《ひのと》に三等分してあります。

○**坤宮**《こんきゅう》　南方と西方の中間四十五度の一角を坤宮《こんきゅう》と称して、未《ひつじ》、坤《こん》、申《さる》に三等分してあります。

○**兌宮**《だきゅう》　西方の四十五度の一角を兌宮《だきゅう》と称して、庚《かのえ》、酉《とり》、辛《かのと》に三等分してあります。

○**乾宮**《けんきゅう》　西方と北方の中間四十五度の一角を乾宮《けんきゅう》と称して、戌《いぬ》、乾《けん》、亥《い》に三等分してあります。

■方位

○**鬼門**《きもん》　俗に鬼門といわれている凶方位は、艮宮（丑、艮、寅）の方位です。

○**裏鬼門**《うらきもん》　鬼門の真向かい側にあたる凶方位が裏鬼門で、坤宮（未、坤、申）の方位です。

六輝の説明

中国宋時代に誕生し、室町時代に伝来した六輝星は別名を孔明六曜星とも呼ばれ、中国の三国志で有名な名将諸葛孔明が発明したとの説もありますが、史実ではなくあくまでも伝説です。

江戸時代はほとんど人気がなく、載せていない暦もかなりあったようですが、明治の改暦で他の人気暦注が消えた後、装いも新たに再び登場して、戦後になると爆発的な人気を博し現在に至っています。

伝来した当初は、泰安《たいあん》、留連《りゅうれん》、速喜《そっき》、赤口《しゃっく》、将吉《しょうきち》、空亡《くうぼう》の順でしたが、江戸末期頃より、今日のような名称に変わり、日の吉凶を知るのに暦、カレンダーはもとより、手帳などにも大きく載っています。

また六輝は、悪い日が三日であとは吉日、善日、幸日が交互に配列されていますが、これは陰陽の原則に基づいていると考えられます。

ただ、暦により解釈は多少異なっているものがあるようです。六輝が生まれた中国では現在、大安も仏滅も友引もなく、日本でだけの人気です。

◐**先勝**　せんかち・せんしょう　先勝日《にち》の略。急用や訴訟などに吉の日とされています。ただし午後は凶となります。旧暦の一月朔日《ついたち》、七月朔日に配されています。

Ⓣ**友引**　ともびき　友引日《にち》の略。午前中と夕刻と夜は相引きで勝負なしの吉の日。ただし昼は凶。この日葬儀をすると、他人の死を招く恐れがあるといわれています。旧暦の二月朔日、八月朔日に配されています。

◑**先負**　せんまけ・せんぷ　先負日《にち》の略。静かにしているのがよい日とされ、特に公事や急用を避ける日。午後大吉。旧暦三月朔日、九月朔日に配されています。

●**仏滅**　ぶつめつ　仏滅日《にち》の略。この日に開店、移転など、新規に事を起こすことはもちろんのこと、陰陽道で何事をするのも忌むべき日とされています。旧暦四月朔日、十月朔日に配されています。

○**大安**　たいあん・だいあん　大安日《にち》の略。陰陽道でこの日、結婚、旅行、建築、開店など、何事をなすのにも吉日とされています。旧暦五月朔日、十一月朔日に配されています。

◐**赤口**　しゃっく・しゃっこう　赤口日《にち》の略。赤口神《しゃっこうじん》が衆生を悩まし、新規の事始めはもちろんのこと、何事をするのも忌むべき日とされています。ただし正午のみ吉。旧暦六月朔日、十二月朔日に配されています。

中段（十二直）の説明

たつ（建）	この日は建の意で最高吉日。神仏の祭祀、結婚、開店等すべて大吉。動土蔵開き凶。
のぞく（除）	この日は不浄を払い百凶を除き去り、医師かかり始め、種播き吉。結婚、動土は凶。
みつ（満）	この日は満の意で万象万物すべて満たされる良日。建築、移転、結婚、祝い事吉。
たいら（平）	この日は平の意で、物事の平等分配を図るので、地固め、種播き、結婚、祝い事吉。
さだん（定）	良悪が定まる意で、建築、移転、結婚、開店、開業等、祝い事吉。樹木の植え替え凶。
とる（執）	この日は執の意で、万事活動育成を促す日。祝い事等吉で財産整理等には凶。
やぶる（破）	この日は破の意で、訴訟等には吉。結婚その他約束事、神仏の祭祀等は凶。
あやぶ（危）	この日は万事に危惧を含み、何事も控え目に慎んで吉。旅行、登山、船乗り等は凶。
なる（成）	この日は成就の意で、建築、開店、種播き等の新規事はすべて吉。訴訟事等は大凶。
おさん（納）	この日は別名天倉といい、万物を納めるのに吉。神仏祭祀、結婚、見合い等は凶。
ひらく（開）	険を開き通じる意で、建築、結婚、開業等吉。ただし葬儀、その他の不浄事凶。
とづ（閉）	この日は諸事閉止する意で、金銭の収納、建墓は吉。棟上げ、結婚、開店等は凶。

中段（十二直）の由来

別名を中段という十二直は、十二建とも十二客とも呼ばれていました。江戸時代の「かな暦」の中段に載っていたもので、日常生活に深く関わり、かなり重要視されていました。

現在では日の吉凶は、大安、友引などで知られる、六曜六輝のほうが断然主役になっていますが、平安時代から江戸、明治、大正、昭和の初期あたりまでは、六輝より十二直によって婚礼の日取りなどを選んでいました。さらに、移転、建築、造作、養蚕、治療、事業、法事、衣服の裁断、旅行、井戸掘りなど、日常生活のあらゆる吉凶を、この十二直によって判断していました。十二直の直の字が、アタルという意味で信じられていたようです。

十二直は、十二支と関係があり、もともとは中国の北斗七星信仰に由来したものです。中心は建で六輝の大安と同じです。

二十八宿の説明

方位	宿	吉凶
東方七宿	角《かく》	婚礼普請着初吉葬儀凶
	亢《こう》	種播結納吉家造は凶
	氐《てい》	婚礼酒造種播吉普請凶
	房《ぼう》	新規事婚礼棟上等大吉
	心《しん》	神祭移転旅行吉他は凶
	尾《び》	開店婚礼造作吉衣裁凶
	箕《き》	普請動土池掘吉葬儀凶
北方七宿	斗《と》	新規事倉庫建築動土吉
	牛《ぎゅう》	何事に用いても吉祥日
	女《じょ》	稽古事始吉訴訟婚葬凶
	虚《きょ》	学問吉積極的行動は凶
	危《き》	壁塗酒造旅行吉仕立凶
	室《しつ》	祝事婚礼造作祭祀等吉
	壁《へき》	旅行婚礼万事大吉南凶
西方七宿	奎《けい》	柱立棟上神仏祭事等吉
	婁《ろう》	普請造作庭造契約事吉
	胃《い》	世話事普請造作公事吉
	昴《ぼう》	参詣祝事新規事婚礼吉
	畢《ひつ》	祭祀婚礼棟上取引始吉
	觜《し》	稽古事始吉造作着初凶
	参《しん》	婚礼旅行は吉葬儀は凶
南方七宿	井《せい》	参詣動土種播吉衣裁凶
	鬼《き》	婚礼のみ凶他全て大吉
	柳《りゅう》	造作婚礼葬儀などは凶
	星《せい》	祭祀治療吉婚礼葬儀凶
	張《ちょう》	見合い神仏祈願祝宴吉
	翼《よく》	耕作始め樹木植替え吉
	軫《しん》	地鎮祭就職婚姻祭祀吉

二十八宿の由来

二十八宿とは、季節を定める方法として、古代中国で考え出されたものです。夕暮、西の空に細い三日月が見えますが、この三日月は朔から数えて三日めの月という意味です。

朔の日の月を新月と呼びますが、新月と二日の月は見えません。三日でようやく見えて、この三日月の位置から見えなかった新月と二日の月を推定し、月、星、太陽などの位置がある程度正確に計算できたものと思われます。

そこで月の通る道に沿って、日立つ星を目標に二十八の星座を決め、これを二十八宿と称して日、月に配当して、古来吉凶を占うのに用いられています。

各星宿は天空を西から東へと数え、黄道帯を、東方青龍、北方玄武、西方白虎、南方朱雀の四宮とし、これをさらに七分割して配当されています。

節気　循環する自然の移ろい

●**立春**《りっしゅん》　旧暦正月寅月の正節で、新暦二月四日頃、節分の翌日となります。暦上では春となり、この日が一年の初めとされました。この頃から気温は上昇に向かい始め、どことなく春の気配が感じられる時期です。

●**雨水**《うすい》　旧暦正月寅月の中気で、新暦では二月十八日頃になります。この頃から雨水がぬるみ始め、草木が芽生える兆しがあります。

●**啓蟄**《けいちつ》　旧暦二月卯月の正節で、新暦では三月五日頃になります。冬ごもりをしていたいろいろな虫が、地下から地上にはい出してくる頃といわれています。

●**春分**《しゅんぶん》　旧暦二月卯月の中気で、新暦では三月二十一日頃になります。太陽は真東から昇り真西に沈み、昼と夜の長さがほぼ等しくなる日で、この日から徐々に昼が長くなり、夜が短くなります。春の彼岸の中日となっています。

●**清明**《せいめい》　旧暦三月辰月の正節で、新暦では四月四日頃になります。春の気が明るく美しく輝き、草木の花が咲き、清新の時となります。

●**穀雨**《こくう》　旧暦三月辰月の中気で、新暦では四月二十日頃になります。春雨が降る日が多く、冬の間乾いていた大地や田畑を湿らせ、天からの恵みとなる季節です。

●**立夏**《りっか》　旧暦四月巳月の正節で、新暦では五月五日頃になります。新緑が鮮やかになり、山野に生気が走り、皐月風の匂いが立ち始める頃となります。

●**小満**《しょうまん》　旧暦四月巳月の中気で、新暦では五月二十一日頃になります。山野の植物が花に埋もれ、実を結びます。田植えの準備で人も忙しく、月もおぼろに輝く時です。

●**芒種**《ぼうしゅ》　旧暦五月午月の正節で、新暦では六月五日頃になります。雨が長い日数降りしきり、農家は稲を植える準備などで多忙を極めます。

●**夏至**《げし》　旧暦五月午月の中気で、新暦では六月二十一日頃になります。この日、北半球では昼が最も長く、反対に夜が最も短くなります。梅雨真っ盛りの時期で長雨が降り続きます。

●**小暑**《しょうしょ》　旧暦六月未月の正節で、新暦では七月七日頃になります。日脚は徐々に短くなりますが、暑さは日ごとに増していきます。

●**大暑**《たいしょ》　旧暦六月未月の中気で、新暦では七月二十三日頃になります。暑さがますます加わり、一年で最も気温の高い時期です。

立秋《りっしゅう》 旧暦七月申月の正節で、新暦では八月七日頃になります。暦の上では秋になります。残暑はなお厳しいですが、風や雲に秋の気配が感じられるようになってきます。

処暑《しょしょ》 旧暦七月申月の中気で、新暦では八月二十三日頃になります。暑さもそろそろおさまり、秋風の吹く頃となります。収穫の秋も目前となります。

白露《はくろ》 旧暦八月酉月の正節で、新暦では九月七日頃になります。白露とは「しらつゆ」の意味で、野の草などに付いたつゆの光が、秋の趣を感じさせます。

秋分《しゅうぶん》 旧暦八月酉月の中気で、新暦では九月二十三日頃になります。春分同様、昼夜の長さがほぼ等しくなります。秋の彼岸の中日で、祖先の霊を敬い亡き人の霊を偲ぶ日となっています。

寒露《かんろ》 旧暦九月戌月の正節で、新暦では十月八日頃になります。寒露とは、晩秋から初冬の頃に野草に付く露のことです。紅葉は鮮やかに映え、冷気を肌に感じ始める季節となります。

霜降《そうこう》 旧暦九月戌月の中気で、新暦では十月二十三日頃になります。早朝に霜の降りるのを見るようになり、冬が間近にせまっている時です。

立冬《りっとう》 旧暦十月亥月の正節で、新暦では十一月七日頃になります。陽の光もなんとなく弱くなり、日没も早くなります。木の葉も落ち、冬枯れの始まりです。

小雪《しょうせつ》 旧暦十月亥月の中気で、新暦では十一月二十二日頃になります。高い山には真っ白な雪が見られます。木枯らしが吹き、物寂しい冬が近いのを感じます。

大雪《たいせつ》 旧暦十一月子月の正節で、新暦では十二月七日頃になります。山の峰は積雪によって綿で覆われたようになり、平地も北風が身にしみる候になります。

冬至《とうじ》 旧暦十一月子月の中気で、新暦では十二月二十二日頃になります。北半球では、一年で昼が最も短く、夜が最も長くなります。この日を境に一陽来復、日脚は少しずつ伸びていきます。この日にかぼちゃを食べ、柚子《ゆず》湯に入り、一年の健康を願う習慣があります。

小寒《しょうかん》 旧暦十二月丑月の正節で、新暦では一月五日頃になります。この日から「寒の入り」とします。本格的な冬で、降雪と寒風にさいなまれます。

大寒《だいかん》 旧暦十二月丑月の中気で、新暦では一月二十日頃になります。冬将軍がますます活躍し、寒さの絶頂期ですが、その極寒を切り抜けてこそ、春の日ざしの暖かさを天恵として感じるのです。

特殊日吉凶の説明

暦日上には古くから伝わる吉凶を示した特殊な日がありますが、私達が日常、吉祥であれかしと縁起をかつぐ人情は、古今、洋の東西を問わず、いつの世も不変のことでしょう。その意味で、暦日上の特殊な日の吉凶について述べてみます。

● 一粒万倍日　いちりゅうまんばいび

一粒の種が万倍に増える吉日です。そのために諸事成功を願って事始めに用いられ、古くから、特に商売始め、開店、金銭を出すのによいとされています。反面、増えて多くなる意味から、人から物を借りたり、借金するのには凶の日です。

● 八専　はっせん

八専とは、陰暦壬子《みずのえね》の日から癸亥《みずのとい》の日までの十二日間のうち、これに五行を配した時、干と支が専一となる壬子《みずのえね》、甲寅《きのえとら》、乙卯《きのとう》、丁巳《ひのとみ》、己未《つちのとひつじ》、庚申《かのえさる》、辛酉《かのととり》、癸亥《みずのとい》の八日のことで、一年に六回あります。この日は法事・供養などの仏事、嫁取り、建て替えにあたっての取り壊しなどの破壊的なことなどには悪い日とされています。ただし、十二日間のうち、干支が専一とならない癸丑《みずのとうし》、丙辰《ひのえたつ》、戊午《つちのえうま》、壬戌《みずのえいぬ》の四日間は間日となり、障りはありません。

● 不成就日　ふじょうじゅび

障りがあって物事が成就せず、悪い結果を招く凶日とされています。

特に結婚、開店、柱立て、命名、移転、契約事などには不向きで、この日に急に何事かを思い立ったり、願い事をすることすら避けるべきだとされています。

● 三りんぼう　さんりんぼう

昔から普請始め、柱立て、棟上げなどには大凶日とされ、この日を用いて後日災禍が起きると、近所隣をも亡ぼすとされています。

参考までにこの日の見方を掲げます。

旧正月、旧四月、旧七月、旧十月は亥の日。

旧二月、旧五月、旧八月、旧十一月は寅の日。

旧三月、旧六月、旧九月、旧十二月は午の日。
（注・旧暦の変わり日は各月の節入日からです）

天一天上　てんいちてんじょう

天一天上とは、人事の吉凶禍福をつかさどる天一神が天上する日です。天一神は癸巳《みずのとみ》の日に天上するので、それから戊申《つちのえさる》の日までの十六日間は、天一神の障りはなく、いずれの方角へ行っても自由であるとされています。

天一神は、天上から降りた後、次のように、下界で八方を巡って過ごすといわれています（天一神遊行）。この間は、それぞれの方位に向かってのお産、交渉事などは凶とされています。

天一神の遊行日

己酉《つちのとどり》の日から六日間…東北の方位
乙卯《きのとう》の日から五日間…東の方位
庚申《かのえさる》の日から六日間…東南の方位
丙寅《ひのえとら》の日から五日間…南の方位
辛未《かのとひつじ》の日から六日間…西南の方位
丁丑《ひのとうし》の日から五日間…西の方位
壬午《みずのえうま》の日から六日間…西北の方位
戊子《つちのえね》の日から五日間…北の方位

天赦　てんしゃ

この日は干支相生、相剋の中を得る大吉日で、天の恩恵により何の障害も起きない日とされ、特に結婚、開店、事業、創立、拡張などには最良の日とされています。

土用　どよう

一年の春・夏・秋・冬にはそれぞれの四季の土用があり、その期間は十八日前後です。この期間中は、特に動土、土木工事に着手することは大凶とされています。

冬の土用　一月十七日頃から二月立春の前日まで。
春の土用　四月十七日頃から五月立夏の前日まで。
夏の土用　七月二十日頃から八月立秋の前日まで。
秋の土用　十月二十日頃から十一月立冬の前日まで。

ただし、土用中でも間日は障りありません。その間日は、春は巳《み》、午《うま》、酉《とり》の日。夏は卯《う》、辰《たつ》、申《さる》の日。秋は未《ひつじ》、酉《とり》、亥《い》の日。冬は寅《とら》、卯《う》、巳《み》の日となります。

十方暮れ　じっぽうぐれ

干支相剋の凶日（ただし相剋しない日も含む）で、甲申《きのえさる》の日から入って癸巳《みずのとみ》の日までの十日間です。この日は労多くして功少ない日とされ、新規に事を起こすと失敗損失を招きます。なお、旅立ちにも凶日とされています。

事柄別の良い日取り

結婚に関する良い日取り

● お見合い

お互いが顔見知りである間柄なら問題ありませんが、初めてというお見合いの場合は、まず本人お互いの本命星の吉方が合う方角の場所を選んでください（本書に九星別に各月の吉方位が載っています）。次に、日は暦の各月の六輝の欄の大安、友引がよく、中段では、「たつ、みつ、たいら、とる、なる、ひらく」の日を選びます。

● 結納

結納の日取りは、嫁ぐ人から見て嫁ぎ先の方角が吉方位になる日か、暦の中段の、「なる、みつ、たいら、さだん」の日や六輝の大安、友引がよく、先勝の日でしたら午前中に行ないます。

● 婚礼

結婚式の日取りは、嫁ぐ人にとって嫁ぎ先の家の方角が吉方位となる年、月、日を選ぶことが大切です。気学及び九星学に基づいてこの吉方位を決めることになりますと、普通の人ではなかなか難しいのですが、古くから世間一般的には、暦の中段の「なる、たいら、たつ、さだん」、または六輝の大安日を選びます。

● 腹帯の吉日

古《いにしえ》より俗に岩田帯といわれている妊娠腹帯は犬のお産が概して安産であるということにあやかって、五ヵ月目の戌《いぬ》の日にするものとされています。

古文書には甲子《きのえね》、甲戌《きのえいぬ》、乙丑《きのとうし》、丙午《ひのえうま》、丙戌《ひのえいぬ》、戊戌《つちのえいぬ》、庚戌《かのえいぬ》、庚子《かのえね》、辛酉《かのととり》の日がよいとも記されています。また一般的には、暦の中段の「なる、みつ、たつ」の日を吉日としています。

● 胞《え》衣《な》を納める方位

胞衣を納めるには、その年の五黄殺、暗剣殺、本命殺、本命的殺、歳破の五大凶殺方位を避けて、生児の本命星と相生する星の回座している吉方の方角か、またはその年の歳徳神の位置する「あきのかた」の方角に納めるのがよいとされています。

事業に関する良い日取り

商談

商談を進めようとする相手の方位をまず調べます。そしてその方位が自分の本命星と現在、相生か相剋かを見て、相生であれば暦の中段の「たつ、みつ、たいら、さだん、とる、なる、ひらく」の吉日を、また六輝の大安、先勝の午前、友引の日を選んで話を進めればよいでしょう。

開店

業種により開店の時期はいろいろと考えられますが、自分の本命星が、方位盤の西南、東、東南に入る年、月で決めます。日を決めるには暦の中段の、「たつ、みつ、たいら、さだん、なる、ひらく」がよく、六輝では大安、先勝（午前中）、友引がよいとされています。

新築・改築に関する良い日取り

地鎮祭

土木工事や建築の基礎工事に着手する前に、その土地の神を祀って、工事の無事と、厄災を払うことを祈願するのが地鎮祭です。建築主と相性のよい土地を選んで行なうとよいでしょう。

■地鎮祭の吉日……甲子《きのえね》、甲寅《きのえとら》、甲辰《きのえたつ》、乙酉《きのととり》、戊申《つちのえさる》、庚《かのえ》子《ね》、庚戌《かのえいぬ》、壬子《みずのえね》、壬寅《みずのえとら》（ただし寅の日の三りんぼうは凶です）。これらのうちでも、土用は避けてください。

柱立て

柱立てによい日とされている吉日は、甲子《きのえね》、甲寅《きのえとら》、甲《きのえ》辰《たつ》、乙酉《きのととり》、戊申《つちのえさる》、庚子《かのえね》、庚午《かのえうま》、庚戌《かのえいぬ》、壬子《みずのえね》、壬寅《みずのえとら》の日です。ただし、寅の日の三りんぼうにあたる日は凶日となりますから、注意してください。

■柱立ての順序

春は南から立てはじめ東、西、北の順
夏は北から立てはじめ南、西、東の順
秋は東から立てはじめ西、北、南の順
冬は西から立てはじめ東、南、北の順
以上の順に立てます。

棟上げ

甲子《きのえね》、甲辰《きのえたつ》、乙酉《きのととり》、乙亥《きのとい》、庚子《かのえね》、庚辰《かのえたつ》、庚戌《かのえいぬ》、癸巳《みずのとみ》、癸酉《みずのととり》。

右の日が棟上げに吉日とされています。

勝負事、交渉事に勝つ

昔から、諸事必勝法としてこれを行なえば、負けずに勝つという秘法が伝えられています。それは、左図・表を使って、破軍星というものを求め、それを必ず背にして勝負事、交渉事にあたるという方法です。

例えば、九月のある日、午前九時から十時の間に事に掛かるとします。図1を見ると、その時刻は「巳」の刻となります。次に図2を見てください。九月の欄には「一つ目」とあります（月は旧暦を使います）。先ほど調べた図1の「巳」から、一つ分、時計回りに進んだところを見ると「午」になります。この午の方位が破軍星の方位です。この方位を背にして進むには、図1で見て反対側「子」の方位に進めばよいのです。

【図1】

【図2】

正月 五つ目	四月 八つ目	七月 十一目	十月 二つ目
二月 六つ目	五月 九つ目	八月 十二目	十一月 三つ目
三月 七つ目	六月 十目	九月 一つ目	十二月 四つ目

種播きの適期

水稲	四月下旬～五月中旬	大豆	五月上旬～六月中旬
陸稲	五月上旬～五月下旬	小豆	六月上旬～六月中旬
大麦	十月中旬～十一月中旬	にんじん	六月中旬～七月中旬
小麦	十月中旬～十一月下旬	白菜	八月上旬～八月下旬
裸麦	十月中旬～十一月中旬	大根	八月下旬～九月上旬
粟	五月下旬～七月上旬	そらまめ	九月中旬～十月中旬
きび	五月上旬～六月中旬	さつまいも	五月中旬～六月中旬
とうもろこし	四月上旬～五月下旬	じゃがいも	三月中旬～三月下旬
いんげん	四月中旬～五月上旬	ごぼう	四月下旬～五月上旬、九月下旬～十月上旬
そば	四月下旬～六月上旬、八月上旬～八月下旬	ねぎ	三月中旬～三月下旬、九月中旬～九月下旬
里芋	四月中旬～四月下旬	かぶ	八月下旬～九月下旬、二月下旬～五月下旬
なす	四月下旬～五月中旬		
トマト	四月下旬～五月中旬	ほうれんそう	八月下旬～九月中旬、十月上旬～十月下旬
きゅうり	四月下旬～五月中旬		
かぼちゃ	四月下旬～五月中旬		

丙寅《ひのえとら》、丁卯《ひのとう》、庚辰《かのえたつ》、辛巳《かのとみ》、戊子《つちのえね》、戊午《つちのえうま》、己丑《つちのとうし》、己未《つちのとひつじ》、甲午《きのえうま》、乙巳《きのとみ》、乙未《きのとひつじ》の日は、種播きを忌むべき日とされています。

播いた種が火の勢いや土の力で押しつぶされたり、根を切られたりすることがあるので、忌日とされています。

土公神の吉凶

土公神は土を守る神で、季節によって移動します。その居場所を掘り起こすと祟《たた》りがあるといわれています。その性質は荒々しく、荒神ともいわれます。

春（二月～四月）＝かまど　夏（五月～七月）＝門
秋（八月～十月）＝井戸　冬（十一月～翌一月）＝庭

井戸掘り、井戸さらいの吉凶

全国的に水道施設が発達して、井戸は徐々に減少していいます。しかし、井戸にはいろいろな利用法があり、捨てがたいものです。水と火は、日常生活の中でも最も必要性が高く、また家相の観点からも庭内の吉方位に設置しなければなりません。最近ではマンションの受水槽などの位置などにも注意を施したいものです。

■井戸を掘る位置（土地、家屋の中心から見て）
甲《きのえ》、乙《きのと》、丙《ひのえ》、丁《ひのと》、庚《かのえ》、辛《かのと》、壬《みずのえ》、癸《みずのと》、巳《み》、亥《い》の方位

■井戸掘りの吉日
甲子《きのえね》、乙亥《きのとい》、庚子《かのえね》、辛亥《かのとい》、壬子《みずのえね》、壬申《みずのえさる》、癸酉《みずのととり》、癸亥《みずのとい》の日

■井戸さらいの吉日
春…甲子《きのえね》、壬子《みずのえね》、癸亥《みずのとい》の日
秋…庚子《かのえね》、辛亥《かのとい》、壬寅《みずのえとら》、甲寅《きのえとら》の日

なお、夏土用中は井戸さらいは凶とされています。マンションの受水槽の清掃などもこれにならいます。

鍼灸の吉日

左記の日は鍼《はり》、灸《きゅう》によい日となっていますが、暦の中段、二十八宿の凶日と重なる時は差し控えます。

甲辰《きのえたつ》の日　甲申《きのえさる》の日　甲戌《きのえいぬ》の日　乙巳《きのとみ》の日
丙子《ひのえね》の日（ただし夏は凶）　丙辰《ひのえたつ》の日
丙申《ひのえさる》の日　丙戌《ひのえいぬ》の日　丁丑《ひのとうし》の日　丁卯《ひのとう》の日
丁亥《ひのとい》の日（ただし夏は凶）　戊申《つちのえさる》の日（ただし男は凶）
己亥《つちのとい》の日（ただし女は凶）　庚子《かのえね》の日（ただし秋は凶）
庚午《かのえうま》の日　辛丑《かのとうし》の日　辛卯《かのとう》の日　壬辰《みずのえたつ》の日
壬午《みずのえうま》の日　壬戌《みずのえいぬ》の日　癸丑《みずのとうし》の日

本年の年忌一覧

一周忌	令和五年死亡	**二十七回忌**	平成十年死亡
三回忌	令和四年死亡	**三十三回忌**	平成四年死亡
七回忌	平成三十年死亡	**三十七回忌**	昭和六十三年死亡
十三回忌	平成二十四年死亡	**五十回忌**	昭和五十年死亡
十七回忌	平成二十年死亡	**百回忌**	大正十四年死亡
二十三回忌	平成十四年死亡		

吉日を選ぶ方法

暦によって吉日を選ぶにはどうすればよいでしょうか。大安や仏滅、二十八宿や各種の暦注を見ていくと、一年三百六十五日のうち、すべてがそろってよい日はほとんどないということになってしまいます。

一般的には、本命星（生まれ年の九星）、月命星と干支に重点を置いて、二十八宿、中段という順でよい日を見ます。30ページからの「行事・祭事」欄の上から四段目に九星が載っていますので、自分の本命星と相性のよい日を選びます。同様に、三段目に干支が載っていますので、自分の生まれ年の干支と相性のよい日を探します。

本命星、干支と相性がよい日であれば、ほかが多少気に入らない日であっても吉日として差し支えありません。ただし、三りんぼうや不成就日などにあたる日は避けたほうがよいでしょう。

◆九星による吉日

一白生まれ…六白、七赤、三碧、四緑、一白の日
二黒生まれ…九紫、六白、七赤、八白、五黄の日
三碧生まれ…一白、九紫、四緑の日
四緑生まれ…一白、九紫、三碧の日
五黄生まれ…九紫、六白、七赤、二黒、八白の日
六白生まれ…二黒、五黄、八白、一白、七赤の日
七赤生まれ…二黒、五黄、八白、一白、六白の日
八白生まれ…九紫、六白、七赤、二黒、五黄の日
九紫生まれ…三碧、四緑、二黒、五黄、八白、九紫の日

◆十干による吉日

甲（きのえ）・乙（きのと）生まれの人は丙・丁・壬・癸の日。
丙（ひのえ）・丁（ひのと）生まれの人は甲・乙・戊・己の日。
戊（つちのえ）・己（つちのと）生まれの人は丙・丁・庚・辛の日。
庚（かのえ）・辛（かのと）生まれの人は戊・己・壬・癸の日。
壬（みずのえ）・癸（みずのと）生まれの人は庚・辛・甲・乙の日。

◆十二支による吉日

子（ね）年生まれの人は子・寅・卯・申・酉・亥の日。
丑（うし）年生まれの人は丑・巳・午・申・酉の日。
寅（とら）年生まれの人は子・卯・巳・午・亥の日。
卯（う）年生まれの人は子・寅・卯・巳・午・亥の日。
辰（たつ）年生まれの人は丑・辰・巳・午・申・酉・戌の日。
巳（み）年生まれの人は丑・寅・卯・辰・巳・午・未・戌の日。
午（うま）年生まれの人は丑・寅・卯・辰・巳・午・未・戌の日。
未（ひつじ）年生まれの人は丑・辰・巳・午・未・酉・戌の日。
申（さる）年生まれの人は子・丑・辰・未・申・酉・戌・亥の日。
酉（とり）年生まれの人は子・丑・辰・未・申・酉・戌・亥の日。
戌（いぬ）年生まれの人は丑・辰・巳・午・未・申・酉・戌の日。
亥（い）年生まれの人は子・寅・卯・申・酉・亥の日。

干支が意味するもの

干支は六十干支とも呼ばれるように、十干と十二支との組み合わせで、六十通りになります。

十干とは「甲乙丙丁戊己庚辛壬癸」のことです。

甲（きのえ）丙（ひのえ）戊（つちのえ）庚（かのえ）壬（みずのえ）　兄（え）　陽

乙（きのと）丁（ひのと）己（つちのと）辛（かのと）癸（みずのと）　弟（と）　陰

干支を組み合わせる時は、必ず上に十干を置くところから、天干とも呼ばれています。一方、十二支というのは地支とも呼ばれ、もともと月を数えるための序数に使われた文字で、旧暦の十一月から十月までを意味するものであったと伝えられています。

旧											
十一月	十二月	一月	二月	三月	四月	五月	六月	七月	八月	九月	十月
子	丑	寅	卯	辰	巳	午	未	申	酉	戌	亥

このように十二支は、一年の生活を表したものですが、十干の干が木の幹であるのに対し、十二支の支は幹から出た枝であり、いわば十干の補強的役割を持つものと思われます。

陰陽論は、剛と柔、男と女などのように、対立的発想ですが、十干の陰陽を兄弟という対立にして、「兄《え》」「弟《と》」と記し、五行の「木火土金水」をそれぞれ訓読みにし、「きのえ」「きのと」「ひのえ」「ひのと」……としたものです。「えと」とはつまり兄弟に由来しており、陰と陽に分類した十干の総称といえます。

「十二支」にしても、さまざまな解釈がありますが、やはり農耕生活を反映する自然暦の発想をもとに、植物の芽生えから、生長、成熟、収穫へと移って、再び大地にかえる経過が、あたかも人間の生から土へというドラマに似ているところから、太古の昔から現在まで幅広く親しまれ、発育成長の過程を占い、吉凶の判断の元として、暦に使用されているものと思われます。

令和6年・運気概要時運占断

①日本全体について

本卦《ほんか》䷆地水師《ちすいし》の上爻変《じょうこうへん》

本卦《ほんか》の象意解《しょういかい》は「地勢淵《ちせいふち》に臨《のぞ》むの象《かたち》、寡《か》を以《も》って衆《しゅう》を伏《ふく》するの意」です。この卦名《かめい》の地水師の師は、争い・戦《いくさ》と読みます。結果として人物が優れた技量や人徳を備えていれば問題はないのですが、ごく普通の技量の人物では支えきれないものがあり、目的が達しにくいのです。

象《しょう》に曰《いわ》く「大君有命《たいくんめいあり》、以正功也《もってこうをただすなり》。小人勿用《しょうじんもちいるなかれ》。必乱《かならずくに》邦也《みだれるなり》。」とあります。大君命《たいくんめい》あり、以《も》って功《こう》を正《ただ》すなり。小人用《しょうじんもち》いるなかれ。必《かなら》ず邦乱《くにみだ》れるなり。と読めます。

戦いの後に功のあった者には論功勲章《ろんこうくんしょう》が行なわれます。しかし、いかに功績があったとしても、その器ではない人物を重い地位の任務に就かせては国の将来を危うくするのです。

象《しょう》に曰《いわ》く「師衆也《しはしゅうなり》。貞正也《ていはせいなり》。能以衆正《よくしゅうをひきいてただせば》、可以王牟《もってきみたるべし》。剛中而応《ごうちゅうにしておうじ》、行険而順《けんをおこないてじゅんなり》。以此毒天下《ここをもっててんかをくるしめ》。而民従之《しかもたみこれにしたがう》。吉又何咎牟《きちにしてまたなんのとががあらん》。」とあります。師《し》は衆《しゅう》なり。貞《てい》は正《せい》なり。能《よ》く衆《しゅう》を以《ひき》いて正《ただ》せば、以《も》って王《きみ》たるべし。剛中《ごうちゅう》にして応《おう》じ、険《けん》を行《おこ》ないて順《じゅん》なり。ここを以《も》って天下を毒《くる》しめ。しかも民《たみ》これに従《したが》う。吉《きち》にしてまた何《なん》の咎《とが》かあらん。と読めます。

艱難《かんなん》を行なうにあたっても、よくよく正しい道に順《したが》うのであれば、一時的に天下を苦しめたとしても、民は必ず心から尊敬しついてくるものなのです。さらにこの易卦《えきか》は帰魂卦《きこんか》と呼ばれます。繋辞伝《けいじでん》に「原始反終故知死生之説《はじめをたずねおわりにかえるゆえにしせいのせつをしる》」と記してあります。始めを原《たず》ね終《お》わりに反《かえ》る故《ゆえ》に死生《しせい》の説を知ると読めます。これは例えると、人間の肉体は霊魂《れいこん》の家である。いうなれば人が期限を限って家を借りるのと似ています。期限が来て肉体が死ぬと霊魂がなくなります。これが人間の命運で、期限が来ると肉体が倒れたために霊魂が住めなくなることをいいます。病気や非常事態で肉体が崩壊して霊魂が住めなくなることは非命運で、上爻《じょうこう》に至った時に命運が尽きるとされます。

之卦《しか》は䷃山水蒙《さんすいもう》です。象意解《しょういかい》は「巌険雲烟《がんけんうんえん》の象、花を生じて未《いま》だ開《ひら》かずの意」です。

このようなことから本年の日本全体を見ていきますと、令和六年は上に立つ指導者の資質が厳しく問われる年といえます。本年の社会情勢は、良くなる方向ではなく悪い方向へ向かうと見られます。各所で上に立つ人の不祥事や指導力不足が従来以上に指摘されたり露呈したりします。

初めを訪ねて帰るという「初めの原理」は、国民のためという前提に帰れば良いのです。国民のためであるという原理原則の道をとるならば、苦しくても希望が持てるので艱難《かんなん》にも耐える強さを国民は備えているものです。

②日本の経済について

本卦《ほんか》䷲震為雷《しんいらい》の初爻変《しょこうへん》

本卦《ほんか》の象意解《しょういかい》は「二龍玉《にりゅうぎょく》を競《きそ》うの象《かたち》、声あって形なきの意《い》」です。この卦名《かめい》の震《しん》は震《ふる》う、動くですが、震は雷《らい》で震雷《しんらい》一たび震うと大いに驚かすが、その形は見ることができません。

爻辞《こうじ》に「震来虩虩《しんきたるにげきげきたり》、後笑言唖唖《のちにしょうげんあくあくたり》。吉《きち》。」とあります。震来《しんき》たるに虩虩《げきげき》たり、後《のち》に笑言唖唖《しょうげんあくあく》たり。吉《きち》。と読めます。気力充実している人物が現れて身をもって事に当たり、大事業を成し遂げる。内心は失敗を恐れるも細心の注意を払って実行していくので、ついには成し遂げる。成功の暁《あかつき》には苦労を語り合い、祝福することになるのです。

震雷が轟《とどろ》く時は恐れおののくけれど、過ぎ去ってみればみんなでいつもと変わらず笑い合います。恐れ慎んでいればやがて平常の中の幸せが訪れるのです。

象《しょう》に曰《いわ》く「震来虩虩《しんきたるにげきげきたり》、恐致福也《おそれてふくをいたすなり》。笑言唖唖《しょうげんあくあくたり》、後《のち》有則也《にはのりあるなり》」とあります。震来《しんき》たるに虩虩《げきげき》たり、恐れて福を致すなり。笑言唖唖《しょうげんあくあく》たり、後《のち》には則《のり》あるなりと読めます。震雷が来たときは恐れおののいて福徳《ふくとく》を成すのです。そして笑い合って、いつもの生活に戻るものです。

之卦《しか》は䷏雷地予《らいちよ》です。象意解《しょういかい》は「雷《らい》、地を出《い》でて奮《ふる》うの象、行止《こうし》時に順《したが》うの意」です。

このようなことから本年の日本の経済を見ていきますと、気力充実し実力ある人物が現れ、身を挺《てい》して大きな仕事に手を出し推進していきます。そしてその事業は大きく成功して耳目《じもく》を驚かせます。成功するまでの苦労努力を誰も知っていて、世間の人は噂をします。吉の作用が働き、活況を帯びます。

経済は一時的に活況を呈します。今までこんな人がいたのかと思うような人物が出て、全体が刺激を受けて、自分もやってみようかという同志意識が生まれ、景気の底上げをします。

けれどもこの卦象《かしょう》は、掛け声だけは勢いが良いけれど重要な内容が伴わないという欠点があります。空騒ぎで終わらせないよう、個人個人が十分に自覚して働く意識が大事になります。

③日本の社会について

本卦《ほんか》䷏雷地予《らいちよ》の五爻変《ごこうへん》

本卦《ほんか》の象意解《しょういかい》は「雷《らい》、地を出《い》でて奮《ふる》うの象《かたち》、行止《こうし》時に順《したが》うの意《い》」です。

易卦《えきか》は䷏で震雷《しんらい》☳が坤地《こんち》☷の上にあります。従って地上で大いに雷鳴《らいめい》を轟《とどろ》かせるのです。卦名《かめい》の予は楽しむ・予《あらかじ》めと読みます。遊興《ゆうきょう》に心を奪われること・不慮《ふりょ》の出来事に備える心構えのあるものと二つの意があります。

道理に順《したが》って動くことを示しています。天地も道理に順いきちんと動きますので、相呼応して順調に進んでいくことを示します。刑罰《けいばつ》などもきちんと行なわれ、民衆は安堵《あんど》するのです。音楽活動が盛んになる風潮もあります。

爻辞《こうじ》に「貞疾《ていしつ》、恒不死《つねなればしせず》」貞疾《ていしつ》、恒《つね》なれば死せずと読めます。やりたいことができず悶々《もんもん》としているけれど王道《おうどう》に順うならばたやすく沈んでしまうことはないと告げています。社会の営《いとな》みを健全に後世に伝えていくことが現在に生きている者たちの責務だといえます。トップに非《あら》ざる者が実権を握って動かして歯がゆい感覚を味わうとしても、節度を弁《わきま》えた行動が正道を示します。

之卦《しか》は䷬沢地萃《たくちすい》です。象意解は「鯉、龍門《りゅうもん》に登るの象、妓歌《ぎか》、衆《しゅう》に従うの意」です。

このようなことから本年の日本の社会について見ていきますと、世上意のままにならないけれど道理に従い動いていくことをわずかながらでも実感できる社会となります。遊興に現《うつつ》を抜かす人たちも見受けられます。遊興に過ぎれば心に隙ができ、つまらない失敗をします。しかしながら社会全体では予め警戒する風潮が働いているので、最低限の秩序は守られていきます。詐欺師らによる強奪事件、飲食店での行き過ぎた悪ふざけも抑えられる傾向にあります。家を継がせることも柔軟な考え方が浸透していく様子があります。一方では、家名を代々つないでいくことを固守《こしゅ》する人もいます。

④日本の政治について

本卦《ほんか》䷷火山旅の四爻変《よんこうへん》

本卦《ほんか》の象意解《しょういかい》は「日西山《せいざん》に傾《かたむ》くの象、鳥を見て矢を失うの意」です。

本卦の上卦《じょうか》☲には離火《りか》の日があり、下卦《げか》☶艮山《ごんさん》は山です。従って山に陽が傾く象《かたち》になります。「離は、はなれる鳥」を表し、「艮山は動かない矢」と見ます。往時《おうじ》の旅の孤独と難しさやつらさを考慮《こうりょ》しないと読み取れない卦象《かしょう》です。仲間がいない寂《さび》しい状態が火山旅なのです。

爻辞《こうじ》に「旅于処《たびところにおいてす》。得其資斧《そのしふをえ》。我心不快《わがこころよからず》。」とあります。旅処《たびところ》においてです。其《そ》の資斧《しふ》を得。我が心よからず。と読めます。情勢の流れるところで地位や資力を得たけれど本意ではないので心から喜べる心境ではないのです。自分の希望するような地位ではない人が権力の座についている。しかしながら信頼できる人物が傍にいないため、一人浮いてしまっている状況です。

象《しょう》に「旅于処《たびところにおいてす》。未得位也《いまだくらいをえざるなり》」とあります。旅処《たびところ》においてです。未《いま》だ位を得ざるなりと読めます。中途半端な感じであり、本当の意味での位に値する権力は得られていないのです。

之卦《しか》は䷳艮為山《ごんいさん》です。象意解は「山上関《さんじょうせき》を鎖《と》ざすの象、葛藟《かつるい》を身に纏《まと》うの意」です。

このようなことから本年の日本の政治を見ていきますと、トップと周囲との関係が密ではなく、トップが浮いている様子が見られます。問題意識を共有できないで的外《まとはず》れな政策が行なわれるきらいがあります。笛吹《ふえふ》けども踊らずで、国民は少し冷めた目で見ています。トップに立ったは良いが信頼できるブレーンが周りにいないまま手を打つ有様は、あたかも数打てば当たる方式で、無駄な政策議論を重ねています。互《ご》卦《か》に沢風大過《たくふうたいか》が潜《ひそ》んでいます。重過ぎる任務を示しています。

⑤日本の外交について

本卦《ほんか》䷙山天大畜《さんてんたいちく》の三爻変《さんこうへん》

本卦《ほんか》の象意解《しょういかい》は「金《きん》、巌中《がんちゅう》に在《あ》るの象《かたち》、浅水舟《せんすいふね》を行《や》るの意」です。

本卦の大畜は乾天《けんてん》☰で、天の気を蓄え草木を養う艮山《ごんさん》☶を表しています。また大畜は剛健《ごうけん》にして気力充実しています。危険や障害を乗り越えていける。上爻《じょうこう》の剛強《ごうきょう》が手綱《たづな》を締めていれば正道を貫くことができるのです。

爻辞《こうじ》に「良馬遂《りょうばおう》。利艱貞《かんていによろし》。日閑輿衛利有攸往《ひにょえいをならえばゆくところあるによろし》。」とあります。

良馬遂《りょうばお》う。艱貞《かんてい》に利《よろ》し。日に輿衛《よえい》を閑《なら》えば往《ゆ》く攸《ところ》有《あ》るに利《よろ》し。と読めます。文字通りに解釈すれば、良馬を得たけれど馬を御する術が未熟である。剛健で怒りっぽい馬を御すことは難しい。しばらくは馬を御す術に長けた人物に任せ、時間をかけて馬を御す術を磨くのが良い。そうすれば馬も慣れて良馬にもなるでしょう。

外交問題に当てはめて考えると、相手国は理解を示す国であっても日本の思い通りには進行しない。他の同盟国と手を結んで外交に当たるのが賢明であると解釈されます。

之卦《しか》は䷨山沢損《さんたくそん》です。象意解は「貴賤《きせん》、位《くらい》を正しくするの象、奢《おご》りを損して孚《まこと》を存《そん》するの意」です。

このようなことから本年の日本の外交を見ていきますと、日本を理解してくれる親日国も存在するけれど、その対応法や駆け引きなどが未熟なため、うまく進行していかない雰囲気が見られます。相手国は剛健で戦も辞さない意見をちらかせるようです。ひるまず他の同盟国と手を結び、時間をかけて気長に日本の意思を伝えるのが国際間のルールかもしれません。象《しょう》に上《うえ》志《こころざし》を合わせれば也《なり》とありますので連携《れんけい》プレーが重要な意味を持つように思われます。

⑥日本の気象・災害について

本卦《ほんか》䷇水地比《すいちひ》の上爻変《じょうこうへん》

本卦《ほんか》の象意解《しょういかい》は衆星《しゅうせい》、北に拱《むこ》うの象《かたち》、和楽隔《わらくへだ》てなきの意」です。

易卦《えきか》は争いの後は睦《むつ》み合い助け合うことを示唆《しさ》しています。比《ひ》は人が二人並んだ形です。本卦は坤地《こんち》☷の上に坎水《かんすい》☵があり、両者が親和しています。唯一の陽爻《ようこう》である五爻《ごこう》に多くの陰爻《いんこう》が親しんでいます。

爻辞《こうじ》に「比之无首《これにひすしゅなし》。凶《きょう》。」とあります。之《これ》に比《ひ》す首《しゅ》无《な》し。凶《きょう》。と読めます。親しもうとしても時機を逸したので首尾を全《まっと》うすることができないと解釈されます。せっかくの計画も時宜《じぎ》を得なければ何の役にも立たなくなってしまいます。助け合うという精神も、相互の理解が一致しなければ災害時に役に立たなくなってしまいます。終わりを全うしないことによる犠牲者が出てしまいます。

この易卦《えきか》は地上に水をたたえている象《かたち》ですから、水害が起きることを暗示しています。

之卦《しか》は䷓風地観《ふうちかん》です。象意解は「風塵埃《じんあい》を揚《あ》げるの象、花を見て雨に遇《あ》うの意」です。

このようなことから本年の日本の気象・災害を見ていきますと、災害対策が疎かにされているか、計画されても実行が遅れているために被害が大きくなってしまうことを暗示しています。

唯一の五爻《ごこう》の陽爻《ようこう》に下からの四つの陰爻《いんこう》が突き上げ、上《じょう》爻《こう》の陰爻一つが上から押さえつけている易卦《えきか》です。いかに剛《ごう》爻《こう》といえど支えきれない形になり、地震の心配を有しています。互卦《ごか》の䷖山地剥《さんちはく》が山からの災害を表します。山崩《やまくず》れによる土砂災害にも警戒が必要です。この易卦《えきか》の天象《てんしょう》は曇りです。どんよりと曇った日は油断がならない時です。

⑦世界の動きについて

本卦《ほんか》䷖山地剥《さんちはく》の上爻変《じょうこうへん》

本卦《ほんか》の象意解《しょういかい》は「鼠倉廩《そそうりん》を穿《うが》つの象《かたち》、旧《きゅう》を去って新《しん》を生《しょう》じるの意《い》」です。

本卦《ほんか》の剥《はく》は「はぎとる」で、今まさに☶艮山《ごんさん》の一陽爻《ようこう》が「はぎとられ」て坤地《こんち》☷の陰爻《いんこう》になろうとする寸前です。旧来からの脱出を図ろうとしているものです。

象《しょう》に曰《いわ》く「君子得輿《くんしはよをえ》、民所載也《たみののするところなり》。小人剥廬《しょうじんはろをはくす》。終不可用也《ついにもちいるべからざるなり》」とあります。君子《くんし》は輿《よ》を得《え》、民の載《の》する所なり。小人《しょうじん》は廬《ろ》を剥《はく》す。終《つい》に用いるべからざるなりと読めます。

輿とは人を乗せて運ぶ屋形で、廬は小さな家のこと。人の上に立つような人は民衆に担《かつ》がれます。思慮の足りない小人は小さな家さえ失う羽目になってしまう。そのような人を用いるべきではないと解釈されます。旧来型の大国主義は崩《くず》れ、民衆に支持された人物が担《かつ》がれて国を動かそうとしていく姿が見えます。

之卦《しか》は䷁坤為地《こんいち》です。象意解は「含弘斐《がんこうひ》有るの象《かたち》、品《ひん》物資《ぶっし》って生《しょう》じるの意」です。

このようなことから本年の世界の動きを見ていきますと、世界全体が大きく変わろうとしている情勢が見て取れます。従来型の大国主義はすたれ、民衆に支持された人物が国家を背負っていく流れが主流のようになります。派手さはないけれど地道に国を動かそうとする空気が強くなってきたのです。小人《しょうじん》ともいうべき者が世界を動かそうとしているけれど、上爻《じょうこう》☶艮山《ごんさん》の一陽《いちよう》の輿《よ》に乗った人物はしたたかに自国の意志を貫いている。世界は衰運の極《きわ》みのような時期にありますが、艱難辛苦《かんなんしんく》の後には一陽来復《いちようらいふく》の時が控えています。

⑧米国の情勢について

本卦《ほんか》䷔火雷噬嗑《からいぜいごう》の五爻変《ごこうへん》

本卦《ほんか》の象意解《しょういかい》は「頤中《いちゅう》に物あるの象《かたち》、夫婦閨《ねや》に怒《いか》るの意《い》」です。

本卦《ほんか》の噬嗑《ぜいごう》は噛《か》み合《あ》わすことです。そして上卦《じょうか》の離火《りか》☲は女性卦で妻を表し、下卦《げか》の震雷《しんらい》☳は男性卦で夫を表します。上に妻がいて下に夫がいる関係なので、序列を乱していると易卦《えきか》では判断します。現代の世上では反論のあるところでしょうが、易卦《えきか》上での判断基準なのでこのように判断します。爻辞《こうじ》に「噬乾肉《ほしにくをかみ》、得黄金《おうごんをえたり》。貞厲无咎《ていなればあやうけれどとがなし》。」とあります。乾肉《ほしにく》を噬《か》み、黄金《おうごん》を得《え》たり。貞《てい》なれば厲《あやう》けれど咎《とが》なし。と読めます。乾《ほ》し肉《にく》を噛《か》んで苦労するけれど、そのおかげで黄金即ち良い事実を発見する。首尾一貫《しゅびいっかん》した策《さく》をとるならば、危ないところはあるけれど咎《とが》めはないのです。民衆は支持するのです。

之卦《しか》は䷘天雷无妄《てんらいむぼう》です。象意解は「雷暑《らいしょ》に逢《あ》うて震《ふる》うの象、石中玉《せきちゅうたま》を蘊《つ》むの意」です。

このようなことから米国の情勢を見ていきますと、乾し肉を噛むように苦労するけれど民衆の支持を得られます。一貫して姿勢を変えずブレないところが支持されることになります。歯と歯の間に物が挟まったように邪魔が入るけれど、積極性を発揮して進んでいく姿勢が見られます。上卦《じょうか》の離火《りか》☲は太陽、下卦《げか》の震雷《しんらい》☳は震動・活動の卦象《かしょう》ですから、邪魔者を跳ね除けながら進むことができます。中途半端な妥協をせず、真正面からぶつかっていく姿勢が見られます。大象《たいしょう》に、和を乱す者には懲罰《ちょうばつ》を加えるのが良いとあります。主爻《しゅこう》の五陰《ごいん》は、柔和な中にも毅然《きぜん》とした意思決定をする様子です。

⑨欧州の情勢について

本卦《ほんか》䷀乾為天《けんいてん》の四爻変《よんこうへん》

本卦《ほんか》の象意解《しょういかい》は「龍《りゅう》変化を示すの象《かたち》、万物《ばんぶつ》資《よ》って始まるの意《い》」です。

本卦の乾為天は易学上《えきがくじょう》最も尊《とうと》いとしています。反対に力量以上の不相応な態度を取る人と解釈することもあります。いずれにしても能動的で積極的な事を表します。四爻《よんこう》の爻辞《こうじ》に「或躍在淵《あるいはおどりてふちにあり》。咎无《とがなし》。」とあります。或《ある》いは躍《おど》りて淵《ふち》に在《あ》り。咎无《とがな》し。と読めます。積極的に働きかける国もあります。勢いがあって新たな手を打つ国もあります。しかしながら、全体の様子を見ているのか腰が引けている国も見られます。歴史の中で長い間主導的立場を貫《つらぬ》いてきた国も、歴史の大転換期を迎《むか》えて戸惑《とまど》っている様子が見られます。

象《しょう》に「進无咎《すすむもとがなきなり》」とあります。進《すす》むも咎《とが》无《な》きなりと読めます。実行しても何ら咎められることはないと易卦《えきか》では解釈されます。結果は少し中途半端な統一性となり、まとまっていない状況が見られます。戦災や天災に見舞われた時にも各国の思惑《おもわく》がからみ、援助や支援に足並みが揃《そろ》わない傾向が見られます。

之卦《しか》は䷈風天小畜《ふうてんしょうちく》です。象意解は「暁風残月《ぎょうふうざんげつ》の象、相《あい》親しみ相疎《うと》んじるの意」です。

このようなことから本年の欧州の情勢を見ていきますと、歴史的転換期に直面して各国の思惑が一致せず、足並みが揃わないきらいがあります。しかし、大筋は同一方向を指しているように見えます。積極的に行動するけれど、これで良いのかと逡巡《しゅんじゅん》する様子もまた見られるのです。一国が「躍りて」と活動をし始めるけれど「淵に在り」と他国が日和見《ひよりみ》をしている様子も見られます。

⑩諸国の情勢について

本卦《ほんか》䷍火天大有《かてんたいゆう》の上爻変《じょうこうへん》

本卦《ほんか》の象意解《しょういかい》は「窓を穿《うが》って明《めい》を開《ひら》くの象《かたち》、深谷《しんこく》花を発《ひら》くの意《い》」です。

本卦の大有は「大いに有《たも》つ」の意味です。時運《じうん》を得て運気に勢いのある卦象《かしょう》なのですが、五爻《ごこう》にある主爻《しゅこう》は陰爻《いんこう》で、柔弱な主君なのです。見方を変えれば、柔和な主君の包容力で周りを包み込み、円満に推移することを示しています。またこの易卦《えきか》は豊作《ほうさく》・豊穣《ほうじょう》を表します。

爻辞《こうじ》に「自天祐之《てんよりこれをたすく》。吉无不利《きちにしてよろしからざるなし》。」とあります。天自《てんよ》り之《これ》を祐《たす》く。吉《きち》にして利《よろ》しからざる无《な》し。と読めます。唯一の陰爻《いんこう》である五爻《ごこう》を多くの賢者が支えている。それはあたかも天からの祐《たす》けといえる。善行を積んだ国が周囲国から支援を得ている様子が見られます。今こそ積極的に国のために動く時であるという自覚の国が芽生《めば》えて広がっていく様子が見られます。

しかし互卦《ごか》に沢天夬《たくてんかい》があり、盛運の中にも決壊《けっかい》する恐れがあり、同時に帰魂卦《きこんか》であることを忘れてはいけないのです。死んで繁栄を見ることができないことがあるのです。

之卦《しか》は䷡雷天大壮《らいてんたいそう》です。象意解は「猛虎《もうこ》角《つの》を生じるの象、錦《にしき》を衣《き》て夜行《い》くの意」です。

このようなことから本年の諸国の情勢を見ていきますと、積善《せきぜん》の家に予慶《よけい》有りの言葉通り、自国を良くしようと一生懸命に動いてきた国が天の恵みを受けるように繁栄に向かおうとしている姿が見えます。その姿を見て援助の手を差し伸べようとしている周囲国の姿は尊いものです。中には繁栄を見ることなく死を迎える君主もいます。なぜなら、この易卦《えきか》は帰魂卦ゆえに天命を全《まっと》うしたといえるからです。

高島易断吉運本暦

行事・祭事

2024
令和6年

一月(大)

睦《む》月《つき》

房《ぼう》宿《しゅく》

(一月六日小寒の節より月命乙丑 六白金星の月となる。暗剣殺は西北の方位)

旧 十一月小 十二月大

日	曜	十干・十二支	九星	行事	旧暦	六輝	中段	二十八宿
一日	月	きのえ　ね	一白	⊡元日、年賀、初詣　旧十一月小、甲子 鷲宮催馬楽神楽　陽遁始め、天赦、一粒万倍日、初子	20	赤口	たつ	畢
二日	火	きのと　うし	二黒	初荷、初夢、書初め 皇居一般参賀　不成就日	21	先勝	のぞく	觜
三日	水	ひのえ　とら	三碧	出雲大社吉兆さん、福岡筥崎宮玉せせり 浜松三日堂寺野ひよんどり　三りんぼう　初寅	22	友引	みつ	参
四日	木	ひのと　う	四緑	◑下弦 官庁御用始め　初卯	23	先負	たいら	井
五日	金	つちのえ　たつ	五黄	初水天宮　初辰	24	仏滅	さだん	鬼
六日	土	つちのと　み	六白	小寒(05:49)、東京消防庁出初式　己巳 キリスト教公現祭　初巳	25	大安	さだん	柳
七日	日	かのえ　うま	七赤	七草　三りんぼう 福岡太宰府天満宮うそ替え─鬼すべ　大つち(〜十三日)	26	赤口	とる	星
八日	月	かのと　ひつじ	八白	⊡成人の日、初薬師 東京鳥越神社とんど焼き	27	先勝	やぶる	張
九日	火	みずのえ　さる	九紫	京都西本願寺御正忌報恩講(〜十六日) 前橋初市まつり	28	友引	あやぶ	翼
十日	水	みずのと　とり	一白	一一〇番の日 十日えびす、初金毘羅　不成就日	29	先負	なる	軫
十一日	木	きのえ　いぬ	二黒	●新月、鏡開き、蔵開き　旧十二月大 愛知熱田神宮踏歌神事	朔	赤口	おさん	角
十二日	金	きのと　い	三碧	初亥	2	先勝	ひらく	亢
十三日	土	ひのえ　ね	四緑	長野新野の雪祭り(〜十五日)　一粒万倍日	3	友引	とづ	氐
十四日	日	ひのと　うし	五黄	仙台どんと祭 大阪四天王寺どやどや	4	先負	たつ	房

日	東京 日出入	東京 満潮	東京 干潮	大阪 日出入	大阪 満潮	大阪 干潮
一日	06:50 16:38	08:23 19:14	01:44 13:55	07:05 16:58	10:50 21:28	04:03 16:14
二日	06:50 16:39	08:54 20:00	02:16 14:36	07:05 16:59	11:27 22:22	04:33 20:31
三日	06:50 16:40	09:27 21:04	02:48 15:31	07:05 17:00	12:02 23:35	05:01 21:10
四日	06:51 16:41	10:03 22:35	03:25 16:57	07:05 17:00	12:32 –	05:30 21:45
五日	06:51 16:41	10:43 –	04:18 18:30	07:05 17:01	04:11 13:00	06:06 22:16
六日	06:51 16:42	00:38 11:30	05:46 19:32	07:06 17:02	13:30 –	22:43 –
七日	06:51 16:43	02:45 12:26	07:15 20:20	07:06 17:03	06:25 14:09	08:51 23:07
八日	06:51 16:44	03:48 13:28	08:24 21:03	07:06 17:04	06:50 14:59	10:14 23:35
九日	06:51 16:45	04:30 14:28	09:21 21:47	07:06 17:05	07:06 16:00	11:14 –
十日	06:51 16:46	05:08 15:21	10:11 22:32	07:06 17:06	07:20 17:04	00:09 12:00
十一日	06:51 16:47	05:45 16:07	10:57 23:17	07:05 17:06	07:42 18:03	00:47 12:42
十二日	06:50 16:48	06:22 16:52	11:40 –	07:05 17:07	08:12 18:58	01:26 13:23
十三日	06:50 16:49	06:58 17:36	00:01 12:21	07:05 17:08	08:46 19:48	02:06 14:06
十四日	06:50 16:49	07:33 18:21	00:43 13:02	07:05 17:09	09:24 20:38	02:47 14:51

行事・祭事の日程は変更される場合があります。ご了承ください。

十五日	月	つちのえ　とら	六白	東京世田谷ボロ市（〜十六日） 小正月、富山利賀の初午	小つち（〜二十一日）	5	仏滅	のぞく	心	06:50 16:50	08:07 19:09	01:23 13:44	07:05 17:10	10:03 21:28	03:27 15:42
十六日	火	つちのと　う	七赤	えんま詣り 藪入り	一粒万倍日 不成就日	6	大安	みつ	尾	06:50 16:51	08:38 20:02	02:00 14:29	07:05 17:11	10:44 22:23	04:08 16:42
十七日	水	かのえ　たつ	八白	秋田三吉梵天祭 防災とボランティアの日	臘日	7	赤口	たいら	箕	06:49 16:52	09:08 21:07	02:35 15:22	07:04 17:12	11:25 23:31	04:48 18:12
十八日	木	かのと　み	九紫	冬土用（0:24） ◐上弦、初観音		8	先勝	さだん	斗	06:49 16:53	09:37 22:28	03:08 16:30	07:04 17:13	12:05 –	05:24 20:12
十九日	金	みずのえ　うま	一白		三りんぼう	9	友引	とる	牛	06:49 16:54	10:10 –	03:44 17:55	07:04 17:14	12:40 –	21:21 –
二十日	土	みずのと　ひつじ	二黒	大寒（23:07）、二十日正月 岩手毛越寺延年の舞、福岡大江の幸若舞		10	先負	やぶる	女	06:48 16:55	00:41 10:52	04:42 19:15	07:03 17:15	10:10 –	22:18 –
二十一日	日	きのえ　さる	三碧	福井敦賀西町の綱引き 初大師	十方暮れ（〜三十日）	11	仏滅	あやぶ	虚	06:48 16:56	03:40 11:59	06:53 20:18	07:03 17:16	07:49 –	23:03 –
二十二日	月	きのと　とり	四緑			12	大安	なる	危	06:47 16:57	04:23 13:41	08:34 21:12	07:03 17:17	08:06 –	23:41 –
二十三日	火	ひのえ　いぬ	五黄			13	赤口	おさん	室	06:47 16:58	04:52 14:55	09:41 21:59	07:02 17:18	08:18 16:43	15:10 –
二十四日	水	ひのと　い	六白	初地蔵、東京巣鴨とげぬき地蔵尊大祭 東京亀戸天神うそ替え神事（〜二十五日）	不成就日	14	先勝	ひらく	壁	06:46 16:59	05:18 15:44	10:28 22:41	07:02 17:19	07:20 17:39	00:17 12:13
二十五日	木	つちのえ　ね	七赤	初天神	一粒万倍日	15	友引	とづ	奎	06:46 17:01	05:42 16:23	11:04 23:19	07:01 17:20	07:31 18:25	00:51 12:43
二十六日	金	つちのと　うし	八白	○満月 文化財防火デー		16	先負	たつ	婁	06:45 17:02	06:06 16:57	11:36 23:53	07:01 17:21	07:56 19:05	01:25 13:16
二十七日	土	かのえ　とら	九紫	奈良若草山焼き 小田原最乗寺道了尊大祭（〜二十八日）		17	仏滅	のぞく	胃	06:45 17:03	06:28 17:29	12:04 –	07:00 17:22	08:26 19:41	01:58 13:49
二十八日	日	かのと　う	一白	初不動	一粒万倍日	18	大安	みつ	昴	06:44 17:04	06:51 18:00	00:24 12:32	06:59 17:23	08:56 20:16	02:29 14:23
二十九日	月	みずのえ　たつ	二黒			19	赤口	たいら	畢	06:43 17:05	07:13 18:33	00:52 13:00	06:59 17:24	09:25 20:51	02:57 14:59
三十日	火	みずのと　み	三碧		天一天上（〜二月十四日）	20	先勝	さだん	觜	06:43 17:06	07:35 19:08	01:18 13:29	06:58 17:25	09:52 21:29	03:24 15:40
三十一日	水	きのえ　うま	四緑		三りんぼう	21	友引	とる	参	06:42 17:07	07:59 19:48	01:43 14:00	06:57 17:26	10:19 22:13	03:49 16:29

2024
令和6年

二月(閏)

如月《きさらぎ》

心宿《しんしゅく》

(二月四日立春の節より月命丙寅
五黄土星の月となる。暗剣殺はなし)

旧 十二月大 正月小

日	曜	十干・十二支	九星	行事	旧暦	六輝	中段	二十八宿	東京 日出入	東京 満潮	東京 干潮	大阪 日出入	大阪 満潮	大阪 干潮
一日	木	きのと ひつじ	五黄	山形黒川王祇祭(〜二日) 三重尾鷲ヤーヤ祭り(〜五日) 旧十二月大 不成就日	22	先負	やぶる	井	06:41 17:08	08:23 20:37	02:07 14:37	06:57 17:27	10:44 23:09	04:14 17:31
二日	金	ひのえ さる	六白		23	仏滅	あやぶ	鬼	06:41 17:09	08:50 21:43	02:31 15:25	06:56 17:28	11:08 –	04:39 18:52
三日	土	ひのと とり	七赤	**節分**、豆まき ◑**下弦**、奈良春日大社節分万燈籠	24	大安	なる	柳	06:40 17:10	09:21 23:26	02:58 16:43	06:55 17:29	00:34 11:29	02:12 20:23
四日	日	つちのえ いぬ	八白	**立春**(17:27)	25	赤口	なる	星	06:39 17:11	10:00 –	03:37 18:25	06:55 17:30	11:33 –	21:48 –
五日	月	つちのと い	九紫	三りんぼう	26	先勝	おさん	張	06:38 17:12	03:18 10:59	06:16 19:42	06:54 17:31	06:23 09:54	08:01 22:42
六日	火	かのえ ね	一白	和歌山新宮神倉神社お燈まつり	27	友引	ひらく	翼	06:37 17:13	03:59 12:39	08:09 20:44	06:53 17:32	06:44 –	23:23 –
七日	水	かのと うし	二黒	北方領土の日 一粒万倍日	28	先負	とづ	軫	06:36 17:14	04:30 14:17	09:20 21:37	06:52 17:33	06:58 15:41	11:35 23:59
八日	木	みずのえ とら	三碧	針供養 事始め	29	仏滅	たつ	角	06:35 17:15	05:00 15:19	10:10 22:26	06:51 17:34	07:04 17:16	12:01 –
九日	金	みずのと う	四緑	奥能登あえのこと 不成就日	30	大安	のぞく	亢	06:34 17:16	05:30 16:09	10:53 23:11	06:50 17:35	07:19 18:12	00:34 12:34
十日	土	きのえ たつ	五黄	●**新月**、福島信夫三山暁まいり(〜十一日) 旧元日、加賀菅生石部神社竹割まつり 旧正月小	朔	先勝	みつ	氐	06:34 17:17	06:00 16:55	11:31 23:53	06:49 17:36	07:45 19:01	01:10 13:11
十一日	日	きのと み	六白	⊡**建国記念の日**、秋田六郷のカマクラ(〜十五日) 奈良橿原神宮紀元祭	2	友引	たいら	房	06:33 17:18	06:29 17:39	12:09 –	06:48 17:37	08:15 19:47	01:47 13:51
十二日	月	ひのえ うま	七赤	**振替休日**、京都伏見稲荷初午大祭 初午、宮城米川の水かぶり 一粒万倍日 不成就日	3	先負	さだん	心	06:32 17:19	06:56 18:23	00:30 12:46	06:47 17:38	08:47 20:32	02:23 14:33
十三日	火	ひのと ひつじ	八白	東京板橋の田遊び	4	仏滅	とる	尾	06:31 17:20	07:21 19:09	01:04 13:23	06:46 17:39	09:21 21:19	03:00 15:20
十四日	水	つちのえ さる	九紫	奈良長谷寺だだおし バレンタインデー	5	大安	やぶる	箕	06:30 17:21	07:44 19:58	01:35 14:02	06:45 17:40	09:54 22:11	03:35 16:13

十五日	木	つちのと とり	一白	福井水海の田楽能舞、秋田横手のかまくら(～十六日) 福島都々古別神社の御田植祭		6	赤口	あやぶ	斗	06:28 17:22	08:06 20:53	02:02 14:45	06:44 17:41	10:25 23:15	04:07 17:21
十六日	金	かのえ いぬ	二黒	横手のぼんでん(～十七日) 松山椿まつり(～十八日)		7	先勝	なる	牛	06:27 17:23	08:28 22:04	02:24 15:39	06:43 17:42	10:46 –	04:22 18:55
十七日	土	かのと い	三碧	◐上弦、伊勢神宮祈年祭(～二十三日)、岡山西大寺会陽はだか祭り 八戸えんぶり(～二十日)、京都涌出宮居籠祭(～十八日)	三りんぼう	8	友引	おさん	女	06:26 17:24	08:50 –	02:35 16:59	06:42 17:43	09:07 –	20:28 –
十八日	日	みずのえ ね	四緑		八専(～二十九日)	9	先負	ひらく	虚	06:25 17:25	09:16 –	18:41 –	06:41 17:44	08:14 –	21:49 –
十九日	月	みずのと うし	五黄	雨水(13:13) 千葉茂名の里芋祭(～二十一日)	一粒万倍日	10	仏滅	とづ	危	06:24 17:26	04:41 10:10	06:50 20:04	06:40 17:45	07:50 –	22:45 –
二十日	火	きのえ とら	六白		不成就日	11	大安	たつ	室	06:23 17:27	04:28 13:59	09:21 21:05	06:39 17:46	07:58 –	23:25 –
二十一日	水	きのと う	七赤			12	赤口	のぞく	壁	06:22 17:28	04:41 15:06	10:00 21:53	06:38 17:46	08:04 16:56	14:52 23:59
二十二日	木	ひのえ たつ	八白	愛知国府宮はだか祭		13	先勝	みつ	奎	06:21 17:29	04:58 15:48	10:28 22:31	06:37 17:47	06:47 17:40	12:03 –
二十三日	金	ひのと み	九紫	⊡天皇誕生日 京都醍醐寺五大力尊仁王会		14	友引	たいら	婁	06:19 17:30	05:16 16:22	10:55 23:05	06:36 17:48	07:01 18:19	00:31 12:28
二十四日	土	つちのえ うま	一白	○満月 二の午、上州白久保のお茶講	一粒万倍日	15	先負	さだん	胃	06:18 17:31	05:35 16:53	11:21 23:35	06:34 17:49	07:24 18:54	01:01 12:57
二十五日	日	つちのと ひつじ	二黒	京都北野天満宮梅花祭		16	仏滅	とる	昴	06:17 17:32	05:53 17:24	11:46 –	06:33 17:50	07:49 19:28	01:30 13:28
二十六日	月	かのえ さる	三碧		庚申	17	大安	やぶる	畢	06:16 17:33	06:11 17:54	00:02 12:11	06:32 17:51	08:14 20:01	01:57 14:00
二十七日	火	かのと とり	四緑			18	赤口	あやぶ	觜	06:14 17:34	06:30 18:27	00:28 12:36	06:31 17:52	08:37 20:36	02:21 14:33
二十八日	水	みずのえ いぬ	五黄		不成就日	19	先勝	なる	参	06:13 17:35	06:49 19:01	00:52 13:02	06:30 17:53	09:00 21:14	02:46 15:09
二十九日	木	みずのと い	六白		三りんぼう	20	友引	おさん	井	06:12 17:36	07:09 19:38	01:14 13:28	06:28 17:54	09:23 21:57	03:12 15:49

日出入、満潮、干潮について

●毎日の日出入、満潮、干潮の時刻は東京(晴海)、大阪における値です。
●資料提供　一般財団法人日本水路協会　情報事業部　電話〇三(五七〇八)七〇七一

2024
令和6年

三月(大)

弥生《やよい》

尾宿《びしゅく》

（三月五日啓蟄の節より月命丁卯四緑木星の月となる。暗剣殺は東南の方位）

旧 正月小 二月大

日	曜	十干・十二支	九星	行事	旧暦	六輝	中段	二十八宿	東京 日出入	東京 満潮	東京 干潮	大阪 日出入	大阪 満潮	大阪 干潮
一日	金	きのえ ね	七赤	春季全国火災予防運動（～七日） 旧正月小 甲子	21	先負	ひらく	鬼	06:10 17:36	07:30 20:22	01:37 13:58	06:27 17:54	09:46 22:50	03:39 16:36
二日	土	きのと うし	八白	越後浦佐毘沙門堂裸押合大祭 若狭小浜お水送り 一粒万倍日	22	仏滅	とづ	柳	06:09 17:37	07:52 21:18	01:58 14:35	06:26 17:55	10:05 –	04:07 17:32
三日	日	ひのえ とら	九紫	耳の日 ひな祭り	23	大安	たつ	星	06:08 17:38	08:18 22:54	02:18 15:32	06:25 17:56	00:10 09:54	01:45 18:37
四日	月	ひのと う	一白	◑下弦	24	赤口	のぞく	張	06:07 17:39	08:49 –	02:29 17:18	06:23 17:57	08:42 –	20:11 –
五日	火	つちのえ たつ	二黒	啓蟄（11：23）	25	先勝	のぞく	翼	06:05 17:40	03:40 09:44	05:48 19:12	06:22 17:58	06:02 –	22:06 –
六日	水	つちのと み	三碧	己巳	26	友引	みつ	軫	06:04 17:41	03:46 12:29	08:29 20:29	06:21 17:59	06:20 –	22:57 –
七日	木	かのえ うま	四緑	消防記念日 大つち（～十三日） 不成就日	27	先負	たいら	角	06:02 17:42	04:08 14:22	09:24 21:26	06:19 18:00	06:26 16:20	11:30 23:35
八日	金	かのと ひつじ	五黄	国際女性デー	28	仏滅	さだん	亢	06:01 17:43	04:33 15:21	10:03 22:14	06:18 18:00	06:26 17:19	11:46 –
九日	土	みずのえ さる	六白	茨城鹿島神宮祭頭祭	29	大安	とる	氐	06:00 17:44	04:58 16:09	10:38 22:56	06:17 18:01	06:43 18:07	00:10 12:17
十日	日	みずのと とり	七赤	●新月 宮城鹽竈神社帆手まつり 旧二月大 一粒万倍日	朔	友引	やぶる	房	05:58 17:44	05:23 16:54	11:13 23:34	06:15 18:02	07:08 18:52	00:45 12:52
十一日	月	きのえ いぬ	八白	東日本大震災の日 不成就日	2	先負	あやぶ	心	05:57 17:45	05:48 17:38	11:48 –	06:14 18:03	07:37 19:36	01:20 13:31
十二日	火	きのと い	九紫	奈良東大寺二月堂修二会（お水取り）	3	仏滅	なる	尾	05:56 17:46	06:11 18:22	00:09 12:23	06:13 18:04	08:08 20:21	01:55 14:13
十三日	水	ひのえ ね	一白	鹿児島霧島神宮御田植祭 京都嵐山虚空蔵法輪寺十三まいり（～五月十三日）	4	大安	おさん	箕	05:54 17:47	06:33 19:07	00:40 12:58	06:11 18:05	08:38 21:08	02:30 14:57
十四日	木	ひのと うし	二黒	ホワイトデー	5	赤口	ひらく	斗	05:53 17:48	06:54 19:53	01:09 13:35	06:10 18:05	09:07 22:00	03:02 15:48

十五日	金	つちのえ とら	三碧	京都嵯峨釈迦堂お松明式 長野善光寺春の御会式 一粒万倍日、三りんぼう 小つち(~二十一日)、天赦	6	先勝	とづ	牛	05:51 17:49	07:13 20:45	01:33 14:15	06:09 18:06	09:29 23:12	03:28 16:48
十六日	土	つちのと う	四緑	西宮廣田神社御例祭	7	友引	たつ	女	05:50 17:50	07:32 21:55	01:52 15:02	06:07 18:07	09:19 –	03:24 18:04
十七日	日	かのえ たつ	五黄	◐上弦 彼岸入り	8	先負	のぞく	虚	05:49 17:50	07:49 –	01:57 16:14	06:06 18:08	07:24 –	19:30 –
十八日	月	かのと み	六白	石川氣多大社おいで祭り(~二十三日)	9	仏滅	みつ	危	05:47 17:51	07:59 –	18:04 –	06:04 18:09	07:04 –	21:01 –
十九日	火	みずのえ うま	七赤	不成就日	10	大安	たいら	室	05:46 17:52	04:00 –	19:41 –	06:03 18:09	07:04 –	22:10 –
二十日	水	みずのと ひつじ	八白	●春分の日(12:06) 東京上野動物園開園記念日	11	赤口	さだん	壁	05:44 17:53	03:53 14:08	09:34 20:45	06:02 18:10	07:14 16:03	14:04 22:55
二十一日	木	きのえ さる	九紫	十方暮れ(~三十日)	12	先勝	とる	奎	05:43 17:54	04:04 15:02	09:47 21:31	06:00 18:11	06:24 16:49	14:07 23:30
二十二日	金	きのと とり	一白	放送記念日 奈良法隆寺お会式(~二十四日) 一粒万倍日	13	友引	やぶる	婁	05:41 17:55	04:20 15:40	10:09 22:07	05:59 18:12	06:06 17:28	11:47 –
二十三日	土	ひのえ いぬ	二黒	彼岸明け 世界気象デー	14	先負	あやぶ	胃	05:40 17:55	04:36 16:13	10:32 22:39	05:57 18:13	06:23 18:03	00:02 12:09
二十四日	日	ひのと い	三碧	福岡阿蘇神社泥打祭り	15	仏滅	なる	昴	05:39 17:56	04:53 16:44	10:57 23:08	05:56 18:13	06:45 18:37	00:30 12:36
二十五日	月	つちのえ ね	四緑	○満月、電気記念日 社日、奈良薬師寺花会式(~三十一日)	16	大安	おさん	畢	05:37 17:57	05:10 17:16	11:21 23:35	05:55 18:14	07:06 19:10	00:56 13:04
二十六日	火	つちのと うし	五黄		17	赤口	ひらく	觜	05:36 17:58	05:28 17:48	11:45 –	05:53 18:15	07:27 19:44	01:20 13:34
二十七日	水	かのえ とら	六白	東京品川千躰荒神春季大祭(~二十八日) 神奈川仙石原湯立獅子舞 一粒万倍日 三りんぼう、不成就日	18	先勝	とづ	参	05:34 17:59	05:45 18:21	00:01 12:10	05:52 18:16	07:49 20:19	01:44 14:06
二十八日	木	かのと う	七赤		19	友引	たつ	井	05:33 18:00	06:04 18:56	00:26 12:35	05:51 18:17	08:11 20:58	02:11 14:40
二十九日	金	みずのえ たつ	八白		20	先負	のぞく	鬼	05:31 18:00	06:24 19:34	00:51 13:02	05:49 18:17	08:34 21:44	02:40 15:19
三十日	土	みずのと み	九紫	天一天上(~四月十四日)	21	仏滅	みつ	柳	05:30 18:01	06:45 20:18	01:15 13:31	05:48 18:18	08:55 22:41	03:11 16:03
三十一日	日	きのえ うま	一白	復活祭(イースター)	22	大安	たいら	星	05:29 18:02	07:08 21:17	01:39 14:08	05:46 18:19	09:02 –	03:45 16:56

2024
令和6年

四月（小）

卯《う》月《づき》

箕《き》宿《しゅく》

（四月四日清明の節より月命戊辰
三碧木星の月となる。暗剣殺は東の方位）

旧 二月大 三月小

日	曜	十干・十二支	九星	行事	旧暦	六輝	中段	二十八宿	東京 日出入	東京 満潮	東京 干潮	大阪 日出入	大阪 満潮	大阪 干潮
一日	月	きのと ひつじ	二黒	新学年、新財政年度 エイプリルフール 旧二月大	23	赤口	さだん	張	05:27 18:03	07:33 23:09	02:06 15:02	05:45 18:20	07:55 –	17:59 –
二日	火	ひのえ さる	三碧	◑下弦 日光輪王寺強飯式	24	先勝	とる	翼	05:26 18:04	08:03 –	02:45 16:41	05:44 18:21	06:01 –	19:26 –
三日	水	ひのと とり	四緑	一粒万倍日	25	友引	やぶる	軫	05:24 18:05	02:21 09:11	06:36 18:43	05:42 18:21	05:19 –	21:19 –
四日	木	つちのえ いぬ	五黄	清明（16：02） 埼玉秩父神社御田植祭 不成就日	26	先負	やぶる	角	05:23 18:05	02:58 12:47	08:27 20:05	05:41 18:22	05:37 15:00	13:09 22:20
五日	金	つちのと い	六白	山梨信玄公祭り（〜七日）	27	仏滅	あやぶ	亢	05:22 18:06	03:24 14:18	09:05 21:03	05:40 18:23	05:32 16:17	11:05 23:02
六日	土	かのえ ね	七赤	春の全国交通安全運動（〜十五日）、愛知犬山祭（〜七日） 佐原香取神宮御田植祭（〜七日） 一粒万倍日	28	大安	なる	氐	05:20 18:07	03:49 15:15	09:40 21:50	05:38 18:24	05:38 17:08	11:23 23:39
七日	日	かのと うし	八白	世界保健デー	29	赤口	おさん	房	05:19 18:08	04:14 16:04	10:14 22:31	05:37 18:24	06:00 17:54	11:55 –
八日	月	みずのえ とら	九紫	花まつり	30	先勝	ひらく	心	05:17 18:09	04:38 16:50	10:48 23:09	05:36 18:25	06:27 18:39	00:15 12:31
九日	火	みずのと う	一白	●新月、滋賀長浜曳山まつり（〜十七日） 茨城笠間稲荷神社例大祭 一粒万倍日、不成就日 旧三月小	朔	先負	とづ	尾	05:16 18:10	05:02 17:35	11:23 23:43	05:34 18:26	06:57 19:24	00:50 13:11
十日	水	きのえ たつ	二黒	新潟糸魚川けんか祭り 京都平野神社桜花祭	2	仏滅	たつ	箕	05:15 18:10	05:25 18:20	11:59 –	05:33 18:27	07:27 20:11	01:26 13:53
十一日	木	きのと み	三碧	旧ひな祭り、鳥取もちがせ流しびな メートル法公布記念日	3	大安	のぞく	斗	05:13 18:11	05:48 19:06	00:16 12:35	05:32 18:28	07:57 21:01	02:00 14:39
十二日	金	ひのえ うま	四緑	大津日吉大社山王祭（〜十五日） 世界宇宙飛行の日 三りんぼう	4	赤口	みつ	牛	05:12 18:12	06:10 19:53	00:45 13:12	05:30 18:28	08:22 21:59	02:32 15:29
十三日	土	ひのと ひつじ	五黄	和歌山熊野本宮大社例大祭（〜十五日） 日光二荒山神社弥生祭（〜十七日）	5	先勝	たいら	女	05:11 18:13	06:32 20:45	01:13 13:52	05:29 18:29	08:33 23:30	02:59 16:26
十四日	日	つちのえ さる	六白	京都今宮神社やすらい祭り、岐阜春の高山祭（〜十五日） 奈良當麻寺聖衆来迎練供養会式	6	友引	さだん	虚	05:09 18:14	06:54 21:54	01:38 14:38	05:28 18:30	06:54 –	02:51 17:29

十五日	月	つちのと とり	七赤	科学技術週間（〜二十一日）		7	先負	とる	危	05:08 18:14	07:16 −	02:05 15:42	05:26 18:31	06:27 −	18:38 −
十六日	火	かのえ いぬ	八白	◐上弦 春土用（21：20）		8	仏滅	やぶる	室	05:07 18:15	00:19 07:31	02:59 17:16	05:25 18:32	05:54 −	20:01 −
十七日	水	かのと い	九紫		不成就日	9	大安	あやぶ	壁	05:05 18:16	02:18 −	18:51 −	05:24 18:32	05:57 −	21:19 −
十八日	木	みずのえ ね	一白	発明の日 越後一宮彌彦神社大々神楽	一粒万倍日 八専（〜二十九日）	10	赤口	なる	奎	05:04 18:17	02:45 13:41	08:49 20:00	05:23 18:33	05:43 15:48	13:09 22:13
十九日	金	みずのと うし	二黒	穀雨（23：00） 岐阜古川の起し太鼓（〜二十日）		11	先勝	おさん	婁	05:03 18:18	03:06 14:39	09:11 20:49	05:21 18:34	05:09 16:33	12:58 22:52
二十日	土	きのえ とら	三碧	郵政記念日		12	友引	ひらく	胃	05:02 18:19	03:25 15:21	09:35 21:29	05:20 18:35	05:21 17:11	11:30 23:24
二十一日	日	きのと う	四緑	靖國神社春季例大祭（〜二十三日）	一粒万倍日	13	先負	とづ	昴	05:00 18:19	03:44 15:58	10:00 22:03	05:19 18:36	05:39 17:46	11:49 23:52
二十二日	月	ひのえ たつ	五黄			14	仏滅	たつ	畢	04:59 18:20	04:03 16:33	10:25 22:35	05:18 18:36	05:57 18:20	12:13 −
二十三日	火	ひのと み	六白	鹿児島与論十五夜踊り サン・ジョルディの日		15	大安	のぞく	觜	04:58 18:21	04:22 17:08	10:51 23:05	05:17 18:37	06:16 18:54	00:16 12:39
二十四日	水	つちのえ うま	七赤	○満月	三りんぼう	16	赤口	みつ	参	04:57 18:22	04:41 17:43	11:17 23:34	05:15 18:38	06:37 19:29	00:42 13:09
二十五日	木	つちのと ひつじ	八白	奈良興福寺文殊会	不成就日	17	先勝	たいら	井	04:55 18:23	05:02 18:18	11:44 −	05:14 18:39	07:00 20:07	01:10 13:41
二十六日	金	かのえ さる	九紫		庚申	18	友引	さだん	鬼	04:54 18:24	05:25 18:56	00:03 12:12	05:13 18:40	07:25 20:50	01:41 14:17
二十七日	土	かのと とり	一白	和歌山道成寺会式、岩手日高火防祭 長崎開港記念日		19	先負	とる	柳	04:53 18:25	05:48 19:38	00:32 12:43	05:12 18:40	07:50 21:41	02:15 14:58
二十八日	日	みずのえ いぬ	二黒			20	仏滅	やぶる	星	04:52 18:25	06:14 20:27	01:02 13:18	05:11 18:41	08:10 22:47	02:52 15:45
二十九日	月	みずのと い	三碧	▣昭和の日、山形米沢上杉まつり（〜五月三日） 佐賀有田陶器市（〜五月五日）、壬生大念佛狂言（〜五月五日）		21	大安	あやぶ	張	04:51 18:26	06:42 21:33	01:36 14:01	05:10 18:42	07:50 −	03:37 16:41
三十日	火	きのえ ね	四緑	東京府中くらやみ祭（〜五月六日）	一粒万倍日 甲子	22	赤口	なる	翼	04:50 18:27	07:15 23:07	02:19 14:59	05:09 18:43	01:39 07:07	04:49 17:44

2024
令和6年

五月（大）

皐《さ》月《つき》

斗《と》宿《しゅく》

（五月五日立夏の節より月命己巳 二黒土星の月となる。暗剣殺は西南の方位）

旧 三月小 四月小

日	曜	十干・十二支	九星	行事	旧暦	六輝	中段	二十八宿	東京 日出入	東京 満潮	東京 干潮	大阪 日出入	大阪 満潮	大阪 干潮
一日	水	きのと うし	五黄	◑下弦、メーデー、富山高岡御車山祭 八十八夜、岩手平泉春の藤原まつり（～五日） 旧三月小	23	先勝	おさん	軫	04:49 18:28	08:05 –	03:38 16:24	05:08 18:44	03:43 –	19:00 –
二日	木	ひのえ とら	六白	下関赤間神宮先帝祭（～四日） 奈良東大寺聖武天皇祭	24	友引	ひらく	角	04:48 18:29	00:44 10:11	06:17 18:05	05:07 18:44	04:22 –	20:30 –
三日	金	ひのと う	七赤	[●]憲法記念日、博多どんたく（～四日）、石川七尾青柏祭（～五日） 小田原北條五代祭り、横浜開港記念みなと祭り、京都伏見稲荷還幸祭 一粒万倍日 不成就日	25	先負	とづ	亢	04:47 18:30	01:42 12:39	07:43 19:26	05:06 18:45	04:28 14:58	11:22 21:36
四日	土	つちのえ たつ	八白	[●]みどりの日 愛知豊川稲荷春季大祭（～五日）	26	仏滅	たつ	氐	04:46 18:30	02:20 14:04	08:28 20:26	05:05 18:46	04:28 16:03	10:35 22:24
五日	日	つちのと み	九紫	立夏（09：10）、端午、菖蒲湯 [●]こどもの日、児童福祉週間（～十一日） 己巳	27	大安	たつ	房	04:45 18:31	02:51 15:06	09:07 21:16	05:04 18:47	04:47 16:55	10:59 23:05
六日	月	かのえ うま	一白	振替休日 大つち（～十二日）	28	赤口	のぞく	心	04:44 18:32	03:20 15:59	09:44 22:00	05:03 18:48	05:14 17:44	11:33 23:44
七日	火	かのと ひつじ	二黒		29	先勝	みつ	尾	04:43 18:33	03:48 16:48	10:21 22:40	05:02 18:48	05:45 18:31	12:12 –
八日	水	みずのえ さる	三碧	●新月 世界赤十字デー 旧四月小	朔	仏滅	たいら	箕	04:42 18:34	04:15 17:36	10:59 23:18	05:01 18:49	06:17 19:19	00:22 12:54
九日	木	みずのと とり	四緑		2	大安	さだん	斗	04:41 18:35	04:43 18:22	11:37 23:54	05:00 18:50	06:49 20:09	00:59 13:39
十日	金	きのえ いぬ	五黄	石川小松お旅まつり（～十二日） 愛鳥週間（～十六日）	3	赤口	とる	牛	04:40 18:35	05:12 19:07	12:16 –	04:59 18:51	07:19 21:02	01:36 14:26
十一日	土	きのと い	六白	岐阜大垣まつり（～十二日） 岐阜長良川の鵜飼開き 不成就日 三りんぼう	4	先勝	やぶる	女	04:39 18:36	05:40 19:53	00:29 12:55	04:58 18:51	07:43 22:01	02:12 15:16
十二日	日	ひのえ ね	七赤	母の日、看護の日 京都松尾大社還幸祭	5	友引	あやぶ	虚	04:38 18:37	06:10 20:41	01:03 13:37	04:57 18:52	07:33 23:11	02:47 16:08
十三日	月	ひのと うし	八白		6	先負	なる	危	04:37 18:38	06:41 21:34	01:40 14:22	04:57 18:53	06:21 –	03:21 17:00
十四日	火	つちのえ とら	九紫	島根出雲大社大祭礼（～十六日） 小つち（～二十日）	7	仏滅	おさん	室	04:36 18:39	07:17 22:38	02:24 15:15	04:56 18:54	04:40 –	17:54 –

十五日	水	つちのと う	一白	◐上弦 沖縄本土復帰記念日、京都葵祭	一粒万倍日	8	大安	ひらく	壁	04:36 18:39	08:09 23:48	03:36 16:20	04:55 18:55	03:56 –	18:56 –
十六日	木	かのえ たつ	二黒		一粒万倍日	9	赤口	とづ	奎	04:35 18:40	10:18 –	06:00 17:37	04:54 18:55	04:02 –	20:11 –
十七日	金	かのと み	三碧	東京浅草三社祭(~十九日)、奈良興福寺薪御能(~十八日) 日光東照宮春季例大祭(~十八日)、下田黒船祭(~十九日)		10	先勝	たつ	婁	04:34 18:41	00:49 12:37	07:34 18:49	04:54 18:56	04:01 15:24	11:51 21:15
十八日	土	みずのえ うま	四緑	仙台青葉まつり(~十九日)		11	友引	のぞく	胃	04:33 18:42	01:33 13:59	08:17 19:49	04:53 18:57	04:11 16:17	11:16 22:01
十九日	日	みずのと ひつじ	五黄	山形酒田まつり(~二十一日)、福井三国祭(~二十一日) 奈良唐招提寺うちわまき	不成就日	12	先負	みつ	昴	04:33 18:43	02:07 14:56	08:50 20:38	04:52 18:58	04:26 17:00	11:13 22:36
二十日	月	きのえ さる	六白	小満(22:00)	十方暮れ(~二十九日)	13	仏滅	たいら	畢	04:32 18:43	02:35 15:42	09:20 21:20	04:52 18:58	04:41 17:38	11:29 23:06
二十一日	火	きのと とり	七赤			14	大安	さだん	觜	04:31 18:44	03:02 16:24	09:49 21:58	04:51 18:59	04:58 18:14	11:51 23:36
二十二日	水	ひのえ いぬ	八白			15	赤口	とる	参	04:31 18:45	03:29 17:02	10:18 22:34	04:50 19:00	05:19 18:49	12:17 –
二十三日	木	ひのと い	九紫	○満月	三りんぼう	16	先勝	やぶる	井	04:30 18:46	03:56 17:40	10:49 23:09	04:50 19:01	05:45 19:26	00:07 12:49
二十四日	金	つちのえ ね	一白	神戸湊川神社楠公祭(~二十六日)		17	友引	あやぶ	鬼	04:30 18:46	04:25 18:19	11:22 23:45	04:49 19:01	06:15 20:07	00:42 13:25
二十五日	土	つちのと うし	二黒	山形鶴岡天神祭		18	先負	なる	柳	04:29 18:47	04:55 19:00	11:57 –	04:49 19:02	06:47 20:53	01:19 14:05
二十六日	日	かのえ とら	三碧			19	仏滅	おさん	星	04:29 18:48	05:27 19:44	00:21 12:35	04:48 19:03	07:19 21:44	02:00 14:50
二十七日	月	かのと う	四緑		一粒万倍日 不成就日	20	大安	ひらく	張	04:28 18:48	06:01 20:34	00:59 13:17	04:48 19:03	07:48 22:43	02:46 15:39
二十八日	火	みずのえ たつ	五黄		一粒万倍日	21	赤口	とづ	翼	04:28 18:49	06:40 21:30	01:42 14:04	04:47 19:04	07:20 23:54	03:43 16:32
二十九日	水	みずのと み	六白		天一天上(~六月十三日)	22	先勝	たつ	軫	04:27 18:50	07:29 22:29	02:35 14:58	04:47 19:05	06:57 –	04:59 17:28
三十日	木	きのえ うま	七赤	消費者の日	天赦	23	友引	のぞく	角	04:27 18:50	08:41 23:25	03:46 16:01	04:47 19:05	01:59 –	18:30 –
三十一日	金	きのと ひつじ	八白	◑下弦 世界禁煙デー		24	先負	みつ	亢	04:26 18:51	10:27 –	05:22 17:15	04:46 19:06	02:41 13:02	10:05 19:41

2024
令和6年

六月（小）

水無月《みなづき》

牛宿《ぎゅうしゅく》

（六月五日芒種の節より月命庚午一白水星の月となる。暗剣殺は北の方位）

旧 四月小 五月大

日	曜	十干・十二支	九星	行事	旧暦	六輝	中段	二十八宿
一日	土	ひのえ さる	九紫	気象記念日、電波の日 写真の日 / 旧四月小	25	仏滅	たいら	氐
二日	日	ひのと とり	一白	横浜開港記念日	26	大安	さだん	房
三日	月	つちのえ いぬ	二黒		27	赤口	とる	心
四日	火	つちのと い	三碧	歯と口の健康週間（〜十日） / 三りんぼう 不成就日	28	先勝	やぶる	尾
五日	水	かのえ ね	四緑	**芒種**（13：10） 環境の日、名古屋熱田まつり	29	友引	やぶる	箕
六日	木	かのと うし	五黄	●新月 / 旧五月大	朔	大安	あやぶ	斗
七日	金	みずのえ とら	六白	広島とうかさん大祭（〜九日） / 三りんぼう	2	赤口	なる	牛
八日	土	みずのと う	七赤	岩手チャグチャグ馬コ	3	先勝	おさん	女
九日	日	きのえ たつ	八白	沖縄糸満ハーレー	4	友引	ひらく	虚
十日	月	きのと み	九紫	入梅、滋賀近江神宮漏刻祭 旧端午、時の記念日 / 一粒万倍日 不成就日	5	先負	とづ	危
十一日	火	ひのえ うま	一白	一粒万倍日	6	仏滅	たつ	室
十二日	水	ひのと ひつじ	二黒		7	大安	のぞく	壁
十三日	木	つちのえ さる	三碧		8	赤口	みつ	奎
十四日	金	つちのと とり	四緑	◐上弦、大阪住吉大社御田植神事 北海道神宮例祭（〜十六日）	9	先勝	たいら	婁

日	東京 日出入	東京 満潮	東京 干潮	大阪 日出入	大阪 満潮	大阪 干潮
一日	04:26 18:52	00:15 12:14	06:46 18:32	04:46 19:07	02:57 14:42	09:55 20:49
二日	04:26 18:52	01:00 13:45	07:43 19:39	04:46 19:07	03:23 15:53	10:06 21:44
三日	04:25 18:53	01:40 15:00	08:31 20:37	04:45 19:08	03:54 16:53	10:38 22:32
四日	04:25 18:54	02:20 16:01	09:14 21:28	04:45 19:08	04:27 17:47	11:18 23:16
五日	04:25 18:54	02:59 16:54	09:57 22:16	04:45 19:09	05:03 18:38	12:01 －
六日	04:25 18:55	03:37 17:41	10:39 23:00	04:45 19:09	05:40 19:27	00:00 12:46
七日	04:25 18:55	04:15 18:24	11:21 23:42	04:45 19:10	06:17 20:13	00:41 13:32
八日	04:25 18:56	04:52 19:03	12:03 －	04:45 19:10	06:54 20:58	01:22 14:18
九日	04:24 18:56	05:29 19:41	00:21 12:45	04:44 19:11	07:29 21:44	02:03 15:03
十日	04:24 18:57	06:05 20:18	00:59 13:25	04:44 19:11	07:58 22:31	02:45 15:46
十一日	04:24 18:57	06:43 20:56	01:37 14:04	04:44 19:12	06:17 23:24	03:32 16:29
十二日	04:24 18:58	07:26 21:34	02:18 14:44	04:44 19:12	06:20 －	04:34 17:11
十三日	04:24 18:58	08:20 22:13	03:08 15:27	04:44 19:13	00:29 －	17:52 －
十四日	04:24 18:58	09:37 22:55	04:18 16:17	04:44 19:13	01:47 12:17	10:02 18:34

十五日	土	かのえ　いぬ	五黄	伊勢神宮月次祭(〜二十五日)		10	友引	さだん	胃	04:24 18:59	11:16 23:37	05:52 17:21	04:44 19:13	02:25 15:01	10:13 19:26
十六日	日	かのと　い	六白	父の日 奈良率川神社三枝祭(〜十八日)		11	先負	とる	昴	04:24 18:59	12:59 −	07:05 18:32	04:44 19:14	02:41 16:30	10:29 20:31
十七日	月	みずのえ　ね	七赤		八専(〜二十八日)	12	仏滅	やぶる	畢	04:24 18:59	00:22 14:28	07:54 19:37	04:45 19:14	02:52 17:38	10:48 21:29
十八日	火	みずのと　うし	八白	海外移住の日	不成就日	13	大安	あやぶ	觜	04:25 19:00	01:07 15:32	08:34 20:33	04:45 19:14	03:09 18:19	11:09 22:18
十九日	水	きのえ　とら	九紫		三りんぼう	14	赤口	なる	参	04:25 19:00	01:52 16:19	09:11 21:23	04:45 19:15	03:37 18:45	11:33 23:03
二十日	木	きのと　う	一白	世界難民の日 京都鞍馬寺竹伐り会式		15	先勝	おさん	井	04:25 19:00	02:36 17:00	09:48 22:08	04:45 19:15	04:14 19:08	12:03 23:46
二十一日	金	ひのえ　たつ	二黒	**夏至**(05:51)		16	友引	ひらく	鬼	04:25 19:00	03:18 17:39	10:27 22:51	04:45 19:15	04:56 19:36	12:39 −
二十二日	土	ひのと　み	三碧	○満月 新潟月潟まつり(〜二十三日)	一粒万倍日	17	先負	とづ	柳	04:25 19:01	03:59 18:18	11:07 23:34	04:45 19:15	05:41 20:10	00:28 13:18
二十三日	日	つちのえ　うま	四緑	東京愛宕千日詣り(〜二十四日) オリンピックデー、沖縄慰霊の日	一粒万倍日	18	仏滅	たつ	星	04:26 19:01	04:40 18:58	11:50 −	04:46 19:15	06:29 20:48	01:11 14:00
二十四日	月	つちのと　ひつじ	五黄			19	大安	のぞく	張	04:26 19:01	05:21 19:39	00:16 12:33	04:46 19:15	07:19 21:30	01:55 14:43
二十五日	火	かのえ　さる	六白		庚申	20	赤口	みつ	翼	04:26 19:01	06:04 20:19	00:58 13:17	04:46 19:16	08:12 22:15	02:43 15:27
二十六日	水	かのと　とり	七赤	国連憲章調印記念日	不成就日	21	先勝	たいら	軫	04:26 19:01	06:51 20:59	01:42 14:00	04:47 19:16	09:08 23:03	03:35 16:13
二十七日	木	みずのえ　いぬ	八白			22	友引	さだん	角	04:27 19:01	07:46 21:38	02:29 14:43	04:47 19:16	10:08 23:55	04:38 17:01
二十八日	金	みずのと　い	九紫	貿易記念日		23	先負	とる	亢	04:27 19:01	08:53 22:15	03:25 15:28	04:47 19:16	11:18 −	06:08 17:52
二十九日	土	きのえ　ね	九紫	◑下弦	甲子 隠遁始め	24	仏滅	やぶる	氐	04:28 19:01	10:14 22:52	04:32 16:20	04:48 19:16	00:45 12:48	08:17 18:50
三十日	日	きのと　うし	八白	大祓 茅の輪くぐり		25	大安	あやぶ	房	04:28 19:01	11:47 23:33	05:49 17:25	04:48 19:16	01:31 14:41	09:02 19:57

2024
令和6年

七月（大）

文《ふみ》月《づき》

女宿《じょしゅく》

（七月六日小暑の節より月命辛未九紫火星の月となる。暗剣殺は南の方位）

旧 五月大 六月小

日	曜	十干・十二支	九星	行事	旧暦	六輝	中段	二十八宿	東京 日出入	東京 満潮	東京 干潮	大阪 日出入	大阪 満潮	大阪 干潮
一日	月	ひのえ　とら	七赤	山開き、海開き、鳥越神社水上祭形代流し 半夏生（17:31）、全国安全週間（〜七日） 旧五月大　三りんぼう	26	赤口	なる	心	04:28 19:01	13:37 −	06:59 18:44	04:49 19:16	02:13 18:11	09:44 21:07
二日	火	ひのと　う	六白		27	先勝	おさん	尾	04:29 19:01	00:21 15:17	07:58 20:01	04:49 19:16	02:54 19:06	10:28 22:12
三日	水	つちのえ　たつ	五黄		28	友引	ひらく	箕	04:29 19:01	01:19 16:20	08:51 21:08	04:49 19:16	03:38 19:30	11:14 23:08
四日	木	つちのと　み	四緑	独立記念日（アメリカ） 一粒万倍日 不成就日、己巳	29	先負	とづ	斗	04:30 19:01	02:22 17:05	09:40 22:07	04:50 19:15	04:26 19:07	11:59 23:54
五日	金	かのえ　うま	三碧	一粒万倍日 大つち（〜十一日）	30	仏滅	たつ	牛	04:30 19:01	03:19 17:43	10:28 22:56	04:50 19:15	05:17 19:30	12:42 −
六日	土	かのと　ひつじ	二黒	小暑（23:20） ●新月、東京入谷朝顔市（〜八日） 旧六月小	朔	赤口	たつ	女	04:31 19:00	04:08 18:16	11:13 23:37	04:51 19:15	06:07 20:02	00:35 13:23
七日	日	みずのえ　さる	一白	秋田東湖八坂神社例大祭 七夕、奈良吉野蔵王堂蛙飛び行事	2	先勝	のぞく	虚	04:31 19:00	04:49 18:46	11:55 −	04:51 19:15	06:54 20:36	01:14 14:03
八日	月	みずのと　とり	九紫	一粒万倍日	3	友引	みつ	危	04:32 19:00	05:28 19:15	00:14 12:33	04:52 19:15	07:38 21:12	01:52 14:41
九日	火	きのえ　いぬ	八白	浅草観音四万六千日・ほおずき市（〜十日）	4	先負	たいら	室	04:33 19:00	06:04 19:42	00:48 13:07	04:53 19:14	08:19 21:49	02:31 15:17
十日	水	きのと　い	七赤		5	仏滅	さだん	壁	04:33 18:59	06:41 20:09	01:20 13:39	04:53 19:14	08:58 22:26	03:12 15:51
十一日	木	ひのえ　ね	六白	大阪生國魂神社生國魂祭（〜十二日） 不成就日	6	大安	とる	奎	04:34 18:59	07:21 20:36	01:54 14:10	04:54 19:14	09:40 23:02	03:59 16:23
十二日	金	ひのと　うし	五黄	佐原の大祭夏祭り（〜十四日） 会津伊佐須美神社御田植祭	7	赤口	やぶる	婁	04:34 18:59	08:06 21:04	02:31 14:40	04:54 19:13	10:27 23:33	05:05 16:52
十三日	土	つちのえ　とら	四緑	ぼん迎え火 東京靖國神社みたままつり（〜十六日） 小つち（〜十九日）	8	先勝	あやぶ	胃	04:35 18:58	09:03 21:34	03:15 15:12	04:55 19:13	11:31 23:59	08:10 17:20
十四日	日	つちのと　う	三碧	◐上弦、和歌山熊野那智の火祭 革命記念日（フランス）	9	友引	なる	昴	04:36 18:58	10:14 22:08	04:14 15:52	04:55 19:13	15:21 −	08:52 17:52

十五日	月	かのえ たつ	二黒	⊡海の日、ぼん、博多祇園山笠追い山笠、茅ヶ崎・寒川浜降祭 山形出羽三山神社花まつり、宮城塩竈みなと祭 初伏	10	先負	おさん	畢	04:36 18:57	11:49 22:46	05:34 16:56	04:56 19:12	00:22 17:12	09:32 18:46
十六日	火	かのと み	一白	ぼん送り火、藪入り えんま詣り	11	仏滅	ひらく	觜	04:37 18:57	14:10 23:35	06:48 18:31	04:57 19:12	00:46 18:01	10:10 20:10
十七日	水	みずのえ うま	九紫	京都祇園祭山鉾巡行前祭(後祭二十四日) 一粒万倍日 三りんぼう	12	大安	とづ	参	04:38 18:56	15:36 –	07:47 19:53	04:57 19:11	01:15 18:32	10:46 21:53
十八日	木	みずのと ひつじ	八白		13	赤口	たつ	井	04:38 18:56	00:40 16:21	08:37 21:00	04:58 19:11	01:59 18:54	11:21 23:05
十九日	金	きのえ さる	七赤	夏土用(13:17) 小倉祇園太鼓(〜二十一日) 十方暮れ(〜二十八日) 不成就日	14	先勝	のぞく	鬼	04:39 18:55	01:54 16:58	09:26 21:55	04:59 19:10	03:02 19:10	11:55 23:47
二十日	土	きのと とり	六白	青森恐山大祭(〜二十四日)、山口祇園祭り鷺の舞 熊谷うちわ祭(〜二十二日)、勤労青少年の日 一粒万倍日	15	友引	みつ	柳	04:40 18:55	02:58 17:33	10:13 22:44	04:59 19:10	04:27 19:28	12:31 –
二十一日	日	ひのえ いぬ	五黄	○満月	16	先負	たいら	星	04:40 18:54	03:51 18:07	11:00 23:27	05:00 19:09	05:41 19:53	00:26 13:08
二十二日	月	ひのと い	四緑	大暑(16:44)、敦賀氣比神宮総参祭、宮島嚴島神社管絃祭 うわじま牛鬼まつり・和霊大祭(〜二十四日)	17	仏滅	さだん	張	04:41 18:53	04:38 18:40	11:45 –	05:01 19:08	06:39 20:24	01:05 13:46
二十三日	火	つちのえ ね	三碧		18	大安	とる	翼	04:42 18:53	05:23 19:13	00:08 12:27	05:01 19:08	07:30 20:59	01:46 14:24
二十四日	水	つちのと うし	二黒	地蔵ぼん、大阪天満宮天神祭(〜二十五日) 土用丑の日、新潟彌彦燈籠まつり(〜二十六日)	19	赤口	やぶる	軫	04:43 18:52	06:08 19:44	00:48 13:06	05:02 19:07	08:19 21:36	02:29 15:04
二十五日	木	かのえ とら	一白	徳島眉山天神社天神祭 中伏	20	先勝	あやぶ	角	04:43 18:51	06:56 20:14	01:28 13:43	05:03 19:06	09:09 22:15	03:16 15:44
二十六日	金	かのと う	九紫	神奈川真鶴貴船まつり(〜二十七日)	21	友引	なる	亢	04:44 18:50	07:49 20:42	02:09 14:17	05:04 19:06	10:02 22:54	04:11 16:25
二十七日	土	みずのえ たつ	八白	隅田川花火大会 福島相馬野馬追(〜二十九日) 不成就日	22	先負	おさん	氐	04:45 18:50	08:48 21:09	02:55 14:51	05:04 19:05	11:04 23:32	05:22 17:06
二十八日	日	みずのと み	七赤	◑下弦 熊本阿蘇神社おんだ祭り 天一天上(〜八月十二日)	23	仏滅	ひらく	房	04:46 18:49	09:57 21:37	03:49 15:24	05:05 19:04	12:36 –	06:59 17:46
二十九日	月	きのえ うま	六白	一粒万倍日、天赦 三りんぼう	24	大安	とづ	心	04:46 18:48	11:29 22:11	04:59 16:06	05:06 19:03	00:08 –	08:21 –
三十日	火	きのと ひつじ	五黄	大阪住吉大社住吉祭(〜八月一日)	25	赤口	たつ	尾	04:47 18:47	14:34 22:59	06:21 17:43	05:07 19:02	00:29 19:03	09:28 –
三十一日	水	ひのえ さる	四緑	箱根芦ノ湖湖水まつり、京都愛宕神社千日詣り(〜八月一日) 諏訪大社下社お舟祭(〜八月一日)、八戸三社大祭(〜八月四日)	26	先勝	のぞく	箕	04:48 18:46	16:00 –	07:35 19:52	05:07 19:02	19:33 –	10:26 –

2024
令和6年

八月(大)

葉月《はづき》

虚宿《きょしゅく》

(八月七日立秋の節より月命壬申
八白土星の月となる。暗剣殺は東北の方位)

旧 六月小 七月大

日	曜	十干・十二支	九星	行事	旧暦	六輝	中段	二十八宿	東京 日出入	東京 満潮	東京 干潮	大阪 日出入	大阪 満潮	大阪 干潮
一日	木	ひのと とり	三碧	八朔、大宮氷川神社例祭 盛岡さんさ踊り(～四日)、弘前ねぷたまつり(～七日) 一粒万倍日、旧六月小	27	友引	みつ	斗	04:49 18:45	00:34 16:35	08:39 21:20	05:08 19:01	19:52 –	11:13 –
二日	金	つちのえ いぬ	二黒	富山魚津たてもん祭り(～三日) 青森ねぶた祭(～七日)	28	先負	たいら	牛	04:49 18:45	02:23 17:03	09:34 22:16	05:09 19:00	04:20 19:00	02:53 11:53 23:55
三日	土	つちのと い	一白	秋田竿燈まつり(～六日)、三重桑名石取祭(～四日) 水の祭典久留米まつり(～五日)	29	仏滅	さだん	女	04:50 18:44	03:26 17:29	10:23 22:56	05:09 18:59	05:22 19:09	12:30 –
四日	日	かのえ ね	九紫	●新月 旧七月大	朔	先勝	とる	虚	04:51 18:43	04:11 17:53	11:05 23:29	05:10 18:58	06:10 19:34	00:25 13:05
五日	月	かのと うし	八白	山形花笠まつり(～七日)	2	友引	やぶる	危	04:52 18:42	04:49 18:15	11:41 23:59	05:11 18:57	06:52 20:04	00:59 13:39
六日	火	みずのえ とら	七赤	広島原爆の日 仙台七夕まつり(～八日) 不成就日	3	先負	あやぶ	室	04:53 18:41	05:24 18:37	12:14 –	05:12 18:56	07:30 20:34	01:33 14:11
七日	水	みずのと う	六白	立秋(09:09)、鼻の日 下関忌宮神社数方庭祭(～十三日)	4	仏滅	あやぶ	壁	04:53 18:40	05:57 18:58	00:27 12:43	05:12 18:55	08:07 21:04	02:08 14:41
八日	木	きのえ たつ	五黄	御嶽山雲上大御神火祭 千葉館山観光まつり	5	大安	なる	奎	04:54 18:39	06:31 19:20	00:55 13:10	05:13 18:54	08:43 21:32	02:45 15:09
九日	金	きのと み	四緑	長崎原爆の日、京都清水寺千日詣り(～十六日) 宝塚中山寺星下り大会式、高知よさこい祭り(～十二日)	6	赤口	おさん	婁	04:55 18:37	07:08 19:41	01:24 13:35	05:14 18:53	09:21 21:57	03:25 15:35
十日	土	ひのえ うま	三碧	旧七夕	7	先勝	ひらく	胃	04:56 18:36	07:48 20:04	01:54 13:59	05:15 18:52	10:04 22:20	04:11 16:00
十一日	日	ひのと ひつじ	二黒	⊙山の日 一粒万倍日	8	友引	とづ	昴	04:56 18:35	08:35 20:29	02:27 14:23	05:15 18:51	10:59 22:42	05:12 16:26
十二日	月	つちのえ さる	一白	振替休日、徳島市阿波おどり(～十五日) 天赦	9	先負	たつ	畢	04:57 18:34	09:33 20:56	03:08 14:48	05:16 18:50	23:02 –	06:32 –
十三日	火	つちのと とり	九紫	◐上弦、月遅れぼん迎え火、岡山笠岡白石踊(～十六日) 岐阜郡上おどり徹夜おどり(～十六日)	10	仏滅	のぞく	觜	04:58 18:33	10:56 21:29	04:07 15:18	05:17 18:49	23:09 –	07:51 –
十四日	水	かのえ いぬ	八白	奈良春日大社中元万燈籠(～十五日)、平戸のジャンガラ(～十八日) 新島村若郷の大踊、大分姫島盆踊り(～十六日) 不成就日、末伏	11	大安	みつ	参	04:59 18:32	14:52 22:15	05:37 17:16	05:18 18:48	17:50 –	09:13 –

十五日	木	かのと　い	七赤	月遅れぼん、宮城松島灯籠流し（～十六日） 終戦の日、周防祖生の柱松行事（祖生中村）	三りんぼう	12	赤口	たいら	井	05:00 18:31	15:46 23:40	07:05 19:38	05:18 18:46	18:16 –	10:17 –
十六日	金	みずのえ　ね	六白	月遅れぼん送り火、箱根大文字焼 京都五山送り火、秋田西馬音内盆踊り（～十八日）	八専（～二十七日） 一粒万倍日	13	先勝	さだん	鬼	05:00 18:29	16:15 –	08:14 21:01	05:19 18:45	18:35 –	11:02 23:32
十七日	土	みずのと　うし	五黄	滋賀建部大社船幸祭		14	友引	とる	柳	05:01 18:28	01:42 16:43	09:12 21:54	05:20 18:44	02:04 18:46	11:38 23:46
十八日	日	きのえ　とら	四緑			15	先負	やぶる	星	05:02 18:27	02:57 17:11	10:03 22:37	05:21 18:43	04:51 19:00	12:12 –
十九日	月	きのと　う	三碧	鎌倉宮例大祭（～二十一日） 秋田花輪ばやし（～二十日）		16	仏滅	あやぶ	張	05:03 18:26	03:50 17:40	10:50 23:15	05:21 18:42	05:50 19:22	00:15 12:47
二十日	火	ひのえ　たつ	二黒	○満月		17	大安	なる	翼	05:03 18:25	04:37 18:07	11:32 23:52	05:22 18:41	06:39 19:50	00:50 13:22
二十一日	水	ひのと　み	一白			18	赤口	おさん	軫	05:04 18:23	05:22 18:34	12:10 –	05:23 18:39	07:25 20:21	01:28 13:58
二十二日	木	つちのえ　うま	九紫	処暑（23：55）	不成就日	19	先勝	ひらく	角	05:05 18:22	06:07 18:59	00:28 12:45	05:24 18:38	08:10 20:54	02:09 14:34
二十三日	金	つちのと　ひつじ	八白		一粒万倍日	20	友引	とづ	亢	05:06 18:21	06:54 19:23	01:05 13:18	05:24 18:37	08:57 21:27	02:54 15:11
二十四日	土	かのえ　さる	七赤	京都地蔵ぼん 沖縄全島エイサーまつり（～二十五日）	庚申	21	先負	たつ	氐	05:07 18:19	07:44 19:45	01:43 13:47	05:25 18:36	09:48 21:59	03:45 15:46
二十五日	日	かのと　とり	六白			22	仏滅	のぞく	房	05:07 18:18	08:39 20:07	02:24 14:13	05:26 18:34	10:51 22:25	04:48 16:15
二十六日	月	みずのえ　いぬ	五黄	◑下弦 山梨吉田の火祭り（～二十七日）		23	大安	みつ	心	05:08 18:17	09:45 20:30	03:13 14:34	05:27 18:33	22:11 –	06:13 –
二十七日	火	みずのと　い	四緑	神奈川大山阿夫利神社秋季例大祭（～二十九日）	三りんぼう	24	赤口	たいら	尾	05:09 18:15	11:41 20:55	04:19 14:35	05:27 18:32	19:32 –	07:44 –
二十八日	水	きのえ　ね	三碧		一粒万倍日 甲子	25	先勝	さだん	箕	05:10 18:14	21:34 –	05:52 –	05:28 18:30	19:03 –	09:07 –
二十九日	木	きのと　うし	二黒			26	友引	とる	斗	05:10 18:13	16:05 –	07:24 20:56	05:29 18:29	19:19 –	10:12 –
三十日	金	ひのえ　とら	一白		不成就日	27	先負	やぶる	牛	05:11 18:11	01:06 16:21	08:34 21:43	05:29 18:28	19:28 –	10:58 –
三十一日	土	ひのと　う	九紫	二百十日 出羽三山神社八朔祭（～九月一日）		28	仏滅	あやぶ	女	05:12 18:10	02:42 16:39	09:28 22:14	05:30 18:26	04:34 18:23	02:23 11:34 23:44

2024
令和6年

九月（小）

長《なが》月《つき》

危《き》宿《しゅく》

（九月七日白露の節より月命癸酉
七赤金星の月となる。暗剣殺は西の方位）

旧 七月大
八月大

日	曜	十干・十二支	九星	行事	旧暦	六輝	中段	二十八宿	東京 日出入	東京 満潮	東京 干潮	大阪 日出入	大阪 満潮	大阪 干潮
一日	日	つちのえ たつ	八白	防災の日、健康増進普及月間（〜三十日） 八尾おわら風の盆（〜三日）、鹿島神宮神幸祭（〜二日） 旧七月大	29	大安	なる	虚	05:13 18:09	03:31 16:58	10:11 22:42	05:31 18:25	05:21 18:36	12:07 –
二日	月	つちのと み	七赤	福井敦賀まつり（〜十五日） 己巳	30	赤口	おさん	危	05:13 18:07	04:09 17:17	10:47 23:09	05:32 18:24	06:01 19:00	00:09 12:38
三日	火	かのえ うま	六白	●新月 青森岩木山お山参詣 旧八月大 大つち（〜九日）	朔	友引	ひらく	室	05:14 18:06	04:42 17:35	11:19 23:35	05:32 18:22	06:38 19:26	00:39 13:08
四日	水	かのと ひつじ	五黄	富山射水加茂神社の稚児舞 不成就日 一粒万倍日	2	先負	とづ	壁	05:15 18:04	05:15 17:54	11:48 –	05:33 18:21	07:13 19:52	01:10 13:36
五日	木	みずのえ さる	四緑	石炭の日	3	仏滅	たつ	奎	05:16 18:03	05:47 18:12	00:01 12:14	05:34 18:20	07:48 20:16	01:43 14:02
六日	金	みずのと とり	三碧		4	大安	のぞく	婁	05:16 18:01	06:20 18:31	00:26 12:39	05:34 18:18	08:23 20:38	02:16 14:26
七日	土	きのえ いぬ	二黒	白露（12：11） 秋田角館のお祭り（〜九日）	5	赤口	のぞく	胃	05:17 18:00	06:55 18:50	00:52 13:03	05:35 18:17	09:00 20:59	02:52 14:51
八日	日	きのと い	一白	新潟柏崎女谷綾子舞	6	先勝	みつ	昴	05:18 17:59	07:33 19:11	01:19 13:25	05:36 18:15	09:43 21:20	03:31 15:17
九日	月	ひのえ ね	九紫	重陽、救急の日 京都上賀茂神社重陽神事	7	友引	たいら	畢	05:19 17:57	08:15 19:32	01:47 13:47	05:37 18:14	10:36 21:37	04:18 15:44
十日	火	ひのと うし	八白	二百二十日	8	先負	さだん	觜	05:19 17:56	09:08 19:56	02:22 14:07	05:37 18:13	21:18 –	05:16 –
十一日	水	つちのえ とら	七赤	◐上弦 東京芝大神宮だらだら祭り（〜二十一日） 小つち（〜十七日） 三りんぼう	9	仏滅	とる	参	05:20 17:54	10:33 20:24	03:10 14:23	05:38 18:11	19:55 –	06:23 –
十二日	木	つちのと う	六白	不成就日 一粒万倍日	10	大安	やぶる	井	05:21 17:53	21:07 –	04:37 –	05:39 18:10	17:28 –	07:50 –
十三日	金	かのえ たつ	五黄		11	赤口	あやぶ	鬼	05:22 17:51	15:27 23:22	06:33 20:06	05:39 18:08	17:51 –	09:38 –
十四日	土	かのと み	四緑	鎌倉鶴岡八幡宮例大祭（〜十六日） 山形谷地八幡宮の林家舞楽（〜十五日）	12	先勝	なる	柳	05:22 17:50	15:48 –	07:57 21:06	05:40 18:07	18:04 –	10:32 23:27

十五日	日	みずのえ うま	三碧	老人週間（〜二十一日） 京都岩清水八幡宮勅祭岩清水祭	13	友引	おさん	星	05:23 17:48	01:49 16:11	08:57 21:43	05:41 18:05	03:52 18:07	11:10 23:30
十六日	月	みずのと ひつじ	二黒	⊡敬老の日	14	先負	ひらく	張	05:24 17:47	02:56 16:35	09:47 22:18	05:42 18:04	04:55 18:20	11:44 23:56
十七日	火	きのえ さる	一白	十五夜、鹿児島与論十五夜踊り 十方暮れ（〜二十六日） 一粒万倍日	15	仏滅	とづ	翼	05:25 17:45	03:46 17:00	10:30 22:53	05:42 18:03	05:43 18:43	12:18 –
十八日	水	きのと とり	九紫	○満月	16	大安	たつ	軫	05:25 17:44	04:33 17:24	11:09 23:27	05:43 18:01	06:28 19:11	00:30 12:53
十九日	木	ひのえ いぬ	八白	彼岸入り	17	赤口	のぞく	角	05:26 17:43	05:18 17:48	11:46 –	05:44 18:00	07:13 19:41	01:08 13:28
二十日	金	ひのと い	七赤	石川お熊甲祭、太宰府天満宮神幸式大祭（〜二十五日） 空の日、動物愛護週間（〜二十六日） 不成就日	18	先勝	みつ	亢	05:27 17:41	06:03 18:11	00:03 12:19	05:44 17:58	07:58 20:12	01:48 14:03
二十一日	土	つちのえ ね	六白	社日 秋の全国交通安全運動（〜三十日）	19	友引	たいら	氐	05:28 17:40	06:50 18:33	00:39 12:50	05:45 17:57	08:45 20:42	02:32 14:38
二十二日	日	つちのと うし	五黄	⊡秋分の日（21：44） 旭川こたんまつり	20	先負	さだん	房	05:28 17:38	07:39 18:54	01:16 13:18	05:46 17:55	09:38 21:06	03:22 15:09
二十三日	月	かのえ とら	四緑	振替休日 千葉大原はだか祭り（〜二十四日） 三りんぼう	21	仏滅	とる	心	05:29 17:37	08:34 19:14	01:57 13:42	05:47 17:54	10:49 21:09	04:21 15:25
二十四日	火	かのと う	三碧	結核予防週間（〜三十日） 一粒万倍日	22	大安	やぶる	尾	05:30 17:35	09:44 19:34	02:44 14:01	05:47 17:53	18:51 –	05:38 –
二十五日	水	みずのえ たつ	二黒	◑下弦 彼岸明け、富山こきりこ祭り（〜二十六日）	23	赤口	あやぶ	箕	05:31 17:34	19:51 –	03:49 –	05:48 17:51	18:18 –	07:03 –
二十六日	木	みずのと み	一白	天一天上（〜十月十一日）	24	先勝	なる	斗	05:32 17:32	15:24 –	05:27 –	05:49 17:50	18:19 –	08:32 –
二十七日	金	きのえ うま	九紫		25	友引	おさん	牛	05:32 17:31	15:26 –	07:07 21:10	05:50 17:48	18:33 –	09:43 –
二十八日	土	きのと ひつじ	八白	東京西多摩春日神社鳳凰の舞（〜二十九日） 不成就日	26	先負	ひらく	女	05:33 17:29	01:35 15:41	08:17 21:27	05:50 17:47	03:41 17:58	01:28 10:30
二十九日	日	ひのえ さる	七赤	宮崎五ヶ瀬の荒踊（〜三十日） 一粒万倍日	27	仏滅	とづ	虚	05:34 17:28	02:40 15:58	09:06 21:51	05:51 17:45	04:29 17:42	01:33 11:05 23:31
三十日	月	ひのと とり	六白		28	大安	たつ	危	05:35 17:26	03:22 16:15	09:45 22:16	05:52 17:44	05:09 17:59	11:37 23:51

2024
令和6年

十月（大）

神無月《かんなづき》

室宿《しつしゅく》

（十月八日寒露の節より月命甲戌
六白金星の月となる。暗剣殺は西北の方位）

旧 八月大 九月小

日	曜	十干・十二支	九星	行事	旧暦	六輝	中段	二十八宿	東京 日出入	東京 満潮	東京 干潮	大阪 日出入	大阪 満潮	大阪 干潮
一日	火	つちのえ いぬ	五黄	全国労働衛生週間（〜七日）、法の日 京都北野天満宮ずいき祭り（〜五日）、国慶節（中国） 旧八月大	29	赤口	のぞく	室	05:35 17:25	03:58 16:32	10:19 22:41	05:53 17:43	05:46 18:21	12:06 –
二日	水	つちのと い	四緑		30	先勝	みつ	壁	05:36 17:24	04:32 16:50	10:49 23:06	05:53 17:41	06:21 18:44	00:19 12:33
三日	木	かのえ ね	三碧	●新月 旧九月小 不成就日	朔	先負	たいら	奎	05:37 17:22	05:05 17:08	11:18 23:31	05:54 17:40	06:55 19:06	00:48 12:58
四日	金	かのと うし	二黒		2	仏滅	さだん	婁	05:38 17:21	05:38 17:26	11:44 23:56	05:55 17:39	07:29 19:26	01:18 13:23
五日	土	みずのえ とら	一白	福島二本松提灯祭り（〜七日） 兵庫上鴨川住吉神社神事舞（〜六日） 三りんぼう	3	大安	とる	胃	05:39 17:19	06:11 17:45	12:10 –	05:56 17:37	08:05 19:47	01:49 13:48
六日	日	みずのと う	九紫	国際協力の日、国際文通週間（〜十二日） 長野南木曽田立の花馬祭り 一粒万倍日	4	赤口	やぶる	昴	05:39 17:18	06:46 18:05	00:22 12:35	05:56 17:36	08:43 20:07	02:22 14:16
七日	月	きのえ たつ	八白	長崎くんち（〜九日）	5	先勝	あやぶ	畢	05:40 17:17	07:23 18:26	00:48 12:59	05:57 17:34	09:28 20:26	02:59 14:45
八日	火	きのと み	七赤	**寒露**（04：00） 阿寒湖まりも祭り（〜十日）	6	友引	あやぶ	觜	05:41 17:15	08:06 18:48	01:17 13:23	05:58 17:33	10:26 20:29	03:42 15:17
九日	水	ひのえ うま	六白	香川金刀比羅宮例大祭（〜十一日） 世界郵便デー、秋の高山祭（〜十日） 一粒万倍日 三りんぼう	7	先負	なる	参	05:42 17:14	09:02 19:12	01:52 13:49	05:59 17:32	19:16 –	04:35 –
十日	木	ひのと ひつじ	五黄	目の愛護デー 神戸海神社秋祭り（〜十二日）	8	仏滅	おさん	井	05:43 17:12	10:39 19:39	02:41 14:24	05:59 17:30	16:25 –	05:40 –
十一日	金	つちのえ さる	四緑	◐上弦、佐原の大祭秋祭り（〜十三日） 東京池上本門寺お会式（〜十三日） 天赦 不成就日	9	大安	ひらく	鬼	05:44 17:11	13:44 20:27	04:03 17:28	06:00 17:29	16:54 –	07:00 –
十二日	土	つちのと とり	三碧	滋賀大津祭（〜十三日） 奈良矢柱神社題目立 一粒万倍日	10	赤口	とづ	柳	05:44 17:10	14:32 23:53	06:02 20:06	06:01 17:28	17:15 –	08:46 –
十三日	日	かのえ いぬ	二黒	宮城布袋まつり 和歌山竈山神社例祭	11	先勝	たつ	星	05:45 17:08	14:59 –	07:30 20:44	06:02 17:27	17:16 –	09:51 23:06
十四日	月	かのと い	一白	⦿スポーツの日、兵庫灘のけんか祭り（〜十五日） 鉄道の日、愛媛西条まつり石岡神社祭礼（〜十五日）	12	友引	のぞく	張	05:46 17:07	01:46 15:24	08:31 21:17	06:03 17:25	03:52 17:18	10:34 23:07

十五日	火	みずのえ ね	九紫	新聞週間(〜二十一日)、天理石上神宮ふるまつり 十三夜、善光寺秋のお会式、和歌山熊野速玉大祭(〜十六日)	八専(〜二十六日)	13	先負	みつ	翼	05:47 16:47	02:48 15:48	09:20 21:51	06:04 17:24	04:44 17:36	11:11 23:35
十六日	水	みずのと うし	八白	日光東照宮秋季大祭(〜十七日) 愛媛新居浜太鼓祭り(〜十八日)		14	仏滅	たいら	軫	05:48 17:05	03:40 16:12	10:03 22:25	06:04 17:23	05:31 18:02	11:47 –
十七日	木	きのえ とら	七赤	○満月、靖國神社秋季例大祭(〜十九日) 貯蓄の日		15	大安	さだん	角	05:49 17:03	04:27 16:37	10:42 23:01	06:05 17:22	06:16 18:31	00:09 12:23
十八日	金	きのと う	六白	統計の日、岩手釜石まつり(〜二十日) 東京浅草寺菊供養会、三重上野天神祭(〜二十日)		16	赤口	とる	亢	05:50 17:02	05:14 17:01	11:19 23:37	06:06 17:20	07:02 19:02	00:48 12:59
十九日	土	ひのえ たつ	五黄	東京日本橋べったら市(〜二十日) 京都建勲神社船岡大祭	不成就日	17	先勝	やぶる	氐	05:50 17:01	06:01 17:26	11:53 –	06:07 17:19	07:49 19:32	01:30 13:35
二十日	日	ひのと み	四緑	**秋土用**(06:51) えびす講		18	友引	あやぶ	房	05:51 16:59	06:48 17:50	00:15 12:26	06:08 17:18	08:39 19:59	02:15 14:09
二十一日	月	つちのえ うま	三碧		一粒万倍日 三りんぼう	19	先負	なる	心	05:52 16:58	07:38 18:14	00:54 12:56	06:09 17:17	09:37 20:16	03:05 14:40
二十二日	火	つちのと ひつじ	二黒	京都時代祭 京都鞍馬の火祭		20	仏滅	おさん	尾	05:53 16:57	08:33 18:39	01:35 13:26	06:09 17:16	11:01 18:32	04:02 14:55
二十三日	水	かのえ さる	一白	**霜降**(07:15) 電信電話記念日	庚申	21	大安	ひらく	箕	05:54 16:56	09:43 19:04	02:23 13:59	06:10 17:14	18:07 –	05:07 –
二十四日	木	かのと とり	九紫	◑下弦、国連デー 長崎平戸おくんち(〜二十七日)	一粒万倍日	22	赤口	とづ	斗	05:55 16:55	11:39 19:27	03:24 15:01	06:11 17:13	17:13 –	06:18 –
二十五日	金	みずのえ いぬ	八白	島根大土地神楽(〜二十六日)		23	先勝	たつ	牛	05:56 16:54	13:35 –	04:49 –	06:12 17:12	17:20 –	07:38 –
二十六日	土	みずのと い	七赤	原子力の日 宇都宮二荒山神社菊水祭(〜二十七日)		24	友引	のぞく	女	05:57 16:52	14:15 –	06:22 20:26	06:13 17:11	17:22 –	08:56 –
二十七日	日	きのえ ね	六白	文字・活字文化の日 読書週間(〜十一月九日)	甲子 不成就日	25	先負	みつ	虚	05:58 16:51	01:12 14:40	07:33 20:51	06:14 17:10	03:30 16:52	00:35 09:49
二十八日	月	きのと うし	五黄	速記の日		26	仏滅	たいら	危	05:59 16:50	02:19 15:01	08:25 21:17	06:15 17:09	04:17 16:59	00:31 10:28 23:22
二十九日	火	ひのえ とら	四緑			27	大安	さだん	室	06:00 16:49	03:06 15:22	09:06 21:44	06:16 17:08	04:56 17:16	11:01 23:37
三十日	水	ひのと う	三碧			28	赤口	とる	壁	06:01 16:48	03:45 15:42	09:42 22:10	06:17 17:07	05:33 17:36	11:30 –
三十一日	木	つちのえ たつ	二黒	ハロウィン		29	先勝	やぶる	奎	06:02 16:47	04:22 16:01	10:15 22:36	06:17 17:06	06:09 17:56	00:01 11:56

2024
令和6年

十一月（小）

霜《しも》月《つき》

壁《へき》宿《しゅく》

（十一月七日立冬の節より月命乙亥 五黄土星の月となる。暗剣殺はなし）

旧 十月大 十一月大

日	曜	十干・十二支	九星	行事	旧暦	六輝	中段	二十八宿	東京 日出入	東京 満潮	東京 干潮	大阪 日出入	大阪 満潮	大阪 干潮
一日	金	つちのと み	一白	●新月、新米穀年度、計量記念日、灯台記念日 教育・文化週間（〜七日）、明治神宮秋の大祭（〜三日） 旧十月大 己巳	朔	仏滅	あやぶ	婁	06:03 16:46	04:57 16:22	10:46 23:02	06:18 17:05	06:44 18:15	00:27 12:22
二日	土	かのえ うま	九紫	佐賀唐津くんち（〜四日） 一粒万倍日、三りんぼう 大つち（〜八日）	2	大安	なる	胃	06:03 16:45	05:32 16:43	11:16 23:29	06:19 17:04	07:19 18:37	00:56 12:49
三日	日	かのと ひつじ	八白	⊡文化の日 箱根大名行列、鹿児島弥五郎どん祭り	3	赤口	おさん	昴	06:04 16:44	06:07 17:06	11:45 23:57	06:20 17:03	07:56 19:00	01:27 13:18
四日	月	みずのえ さる	七赤	振替休日 不成就日	4	先勝	ひらく	畢	06:05 16:43	06:43 17:29	12:13 −	06:21 17:02	08:37 19:23	02:01 13:51
五日	火	みずのと とり	六白	一の酉 高知八代農村歌舞伎 一粒万倍日	5	友引	とづ	觜	06:06 16:42	07:22 17:55	00:27 12:42	06:22 17:01	09:26 19:40	02:39 14:26
六日	水	きのえ いぬ	五黄		6	先負	たつ	参	06:07 16:41	08:08 18:22	01:00 13:14	06:23 17:00	10:28 19:18	03:24 15:07
七日	木	きのと い	四緑	立冬（07:20）、亥の子祭・炉開き 秋田保呂羽山の霜月神楽（〜八日） 三りんぼう	7	仏滅	たつ	井	06:08 16:40	09:07 18:53	01:40 13:53	06:24 17:00	12:12 18:46	04:15 16:10
八日	金	ひのえ ね	三碧	世界都市計画の日 京都伏見稲荷大社火焚祭	8	大安	のぞく	鬼	06:09 16:40	10:29 19:34	02:31 14:57	06:25 16:59	15:23 −	05:14 −
九日	土	ひのと うし	二黒	秋季全国火災予防運動（〜十五日）、愛知津島神社参候祭 ◐上弦、太陽暦採用記念日、福島須賀川松明あかし	9	赤口	みつ	柳	06:10 16:39	12:03 21:09	03:42 17:20	06:26 16:58	16:03 −	06:22 −
十日	日	つちのえ とら	一白	京都嵐山もみじ祭、技能の日 静岡音無神社尻つみ祭り、茨城岩井将門まつり 小つち（〜十六日）	10	先勝	たいら	星	06:11 16:38	13:08 23:49	05:18 19:16	06:27 16:57	16:17 −	07:45 23:23
十一日	月	つちのと う	九紫	京都松尾大社上卯祭 世界平和記念日	11	友引	さだん	張	06:12 16:37	13:50 −	06:46 20:05	06:28 16:56	02:21 16:10	09:00 22:36
十二日	火	かのえ たつ	八白	千葉誕生寺御会式 不成就日	12	先負	とる	翼	06:13 16:36	01:29 14:22	07:52 20:43	06:29 16:56	03:37 16:23	09:53 22:44
十三日	水	かのと み	七赤		13	仏滅	やぶる	軫	06:14 16:36	02:38 14:52	08:45 21:21	06:30 16:55	04:33 16:49	10:36 23:15
十四日	木	みずのえ うま	六白		14	大安	あやぶ	角	06:15 16:35	03:35 15:22	09:31 21:58	06:31 16:54	05:23 17:19	11:17 23:52

十五日	金	みずのと ひつじ	五黄	七五三、鹿児島与論十五夜踊り 千葉中山法華経寺御会式(～十八日)	15	赤口	なる	亢	06:16 16:34	04:27 15:51	10:14 22:37	06:32 16:54	06:11 17:52	11:57 －
十六日	土	きのえ さる	四緑	○満月 愛知豊川稲荷秋季大祭(～十七日) 十方暮れ(～二十五日)	16	先勝	おさん	氐	06:17 16:34	05:16 16:21	10:54 23:16	06:33 16:53	07:00 18:25	00:34 12:36
十七日	日	きのと とり	三碧	二の酉 奈良談山神社例大祭 一粒万倍日	17	友引	ひらく	房	06:18 16:33	06:03 16:52	11:32 23:57	06:34 16:53	07:50 18:57	01:18 13:14
十八日	月	ひのえ いぬ	二黒	一粒万倍日	18	先負	とづ	心	06:19 16:33	06:50 17:23	12:09 －	06:35 16:52	08:43 19:26	02:05 13:53
十九日	火	ひのと い	一白	三りんぼう	19	仏滅	たつ	尾	06:20 16:32	07:36 17:54	00:38 12:45	06:35 16:52	09:39 19:39	02:55 14:31
二十日	水	つちのえ ね	九紫	不成就日	20	大安	のぞく	箕	06:21 16:32	08:24 18:27	01:21 13:23	06:36 16:51	10:42 18:10	03:46 15:12
二十一日	木	つちのと うし	八白	京都東本願寺報恩講(～二十八日)	21	赤口	みつ	斗	06:22 16:31	09:16 19:03	02:06 14:07	06:37 16:51	13:23 18:05	04:37 16:16
二十二日	金	かのえ とら	七赤	小雪(04:56)、宮崎神話の高千穂夜神楽まつり(～二十三日) 熊本八代妙見祭(～二十三日)、大阪少彦名神社神農祭(～二十三日)	22	先勝	たいら	牛	06:23 16:31	10:15 19:51	02:56 15:11	06:38 16:50	15:31 －	05:30 －
二十三日	土	かのと う	六白	⦿勤労感謝の日 ◑下弦、伊勢神宮新嘗祭(～二十九日)	23	友引	さだん	女	06:24 16:30	11:18 21:38	03:54 17:15	06:39 16:50	15:54 －	06:28 －
二十四日	日	みずのえ たつ	五黄		24	先負	とる	虚	06:25 16:30	12:17 －	05:05 19:13	06:40 16:49	15:50 －	07:38 23:37
二十五日	月	みずのと み	四緑	天一天上(～十二月十日)	25	仏滅	やぶる	危	06:26 16:29	00:09 13:04	06:20 20:02	06:41 16:49	03:13 15:52	08:47 23:27
二十六日	火	きのえ うま	三碧		26	大安	あやぶ	室	06:27 16:29	01:44 13:42	07:24 20:37	06:42 16:49	04:14 16:06	09:37 23:16
二十七日	水	きのと ひつじ	二黒	東京品川千躰荒神秋季大祭(～二十八日)	27	赤口	なる	壁	06:28 16:29	02:48 14:14	08:17 21:07	06:43 16:49	05:02 16:22	10:17 23:28
二十八日	木	ひのえ さる	一白	感謝祭(アメリカ) 税関記念日 不成就日	28	先勝	おさん	奎	06:29 16:29	03:36 14:43	09:01 21:37	06:44 16:48	05:44 16:38	10:50 23:49
二十九日	金	ひのと とり	九紫	三の酉 一粒万倍日	29	友引	ひらく	婁	06:30 16:28	04:17 15:12	09:41 22:06	06:45 16:48	06:20 16:58	11:20 －
三十日	土	つちのえ いぬ	八白	岡山最上稲荷お火たき大祭(～十二月七日) 一粒万倍日	30	先負	とづ	胃	06:31 16:28	04:55 15:40	10:17 22:36	06:46 16:48	06:54 17:22	00:14 11:51

2024
令和6年

十二月(大)

師走《しわす》

奎宿《けいしゅく》

(十二月七日大雪の節より月命丙子 四緑木星の月となる。暗剣殺は東南の方位)

旧 十一月大 十二月小

日	曜	十干・十二支	九星	行事	旧暦	六輝	中段	二十八宿	東京 日出入	東京 満潮	東京 干潮	大阪 日出入	大阪 満潮	大阪 干潮
一日	日	つちのと い	七赤	地域歳末たすけあい運動(～三十一日) ●新月、映画の日、世界エイズデー 旧十一月大 三りんぼう	朔	大安	たつ	昴	06:32 16:28	05:31 16:08	10:52 23:08	06:47 16:48	07:27 17:51	00:43 12:25
二日	月	かのえ ね	六白	埼玉秩父夜祭(～三日)	2	赤口	のぞく	畢	06:33 16:28	06:06 16:38	11:26 23:41	06:48 16:48	08:03 18:22	01:16 13:01
三日	火	かのと うし	五黄	障害者週間(～九日) 島根美保神社諸手船神事	3	先勝	みつ	觜	06:33 16:28	06:43 17:09	12:00 –	06:48 16:48	08:43 18:54	01:52 13:40
四日	水	みずのえ とら	四緑	人権週間(～十日)	4	友引	たいら	参	06:34 16:28	07:23 17:42	00:17 12:36	06:49 16:48	09:27 19:23	02:32 14:23
五日	木	みずのと う	三碧	奥能登あえのこと 納めの水天宮 不成就日	5	先負	さだん	井	06:35 16:28	08:07 18:18	00:56 13:15	06:50 16:48	10:17 19:22	03:16 15:14
六日	金	きのえ たつ	二黒		6	仏滅	とる	鬼	06:36 16:28	08:57 19:00	01:38 14:02	06:51 16:48	11:15 18:49	04:02 16:19
七日	土	きのと み	一白	大雪(00:17) 京都千本釈迦堂大根焚き(～八日)	7	大安	とる	柳	06:37 16:28	09:50 19:58	02:24 15:03	06:52 16:48	12:27 –	04:51 –
八日	日	ひのえ うま	九紫	納め薬師、福岡ふいご大祭 針供養、事納め	8	赤口	やぶる	星	06:38 16:28	10:45 21:29	03:18 16:31	06:52 16:48	13:51 –	05:45 21:57
九日	月	ひのと ひつじ	八白	◐上弦 京都了徳寺大根焚き(～十日)	9	先勝	あやぶ	張	06:38 16:28	11:36 23:23	04:24 18:09	06:53 16:48	00:04 14:23	06:48 22:06
十日	火	つちのえ さる	七赤	世界人権デー、埼玉武蔵一宮氷川神社大湯祭本祭 納めの金毘羅	10	友引	なる	翼	06:39 16:28	12:23 –	05:43 19:17	06:54 16:48	01:59 14:53	08:01 22:01
十一日	水	つちのと とり	六白		11	先負	おさん	軫	06:40 16:28	01:08 13:08	07:01 20:08	06:55 16:48	03:28 15:25	09:07 22:25
十二日	木	かのえ いぬ	五黄	漢字の日	12	仏滅	ひらく	角	06:41 16:29	02:36 13:51	08:06 20:53	06:55 16:48	04:37 16:00	10:03 23:03
十三日	金	かのと い	四緑	正月事始め 煤払い 一粒万倍日 不成就日	13	大安	とづ	亢	06:41 16:29	03:43 14:34	09:02 21:37	06:56 16:49	05:37 16:38	10:53 23:45
十四日	土	みずのえ ね	三碧	東京泉岳寺赤穂義士祭 一粒万倍日 八専(～二十五日)	14	赤口	たつ	氐	06:42 16:29	04:38 15:16	09:53 22:20	06:57 16:49	06:30 17:17	11:40 –

十五日	日	みずのと　うし	二黒	○満月、年賀郵便特別扱い開始、東京世田谷ボロ市（～十六日） 奈良春日若宮おん祭り（～十八日）、静岡秋葉の火祭り（～十六日）		15	先勝	のぞく	房	06:43 16:29	05:25 15:57	10:39 23:03	06:58 16:49	07:16 17:58	00:30 12:24
十六日	月	きのえ　とら	一白	石川氣多大社鵜祭	三りんぼう	16	友引	みつ	心	06:43 16:30	06:07 16:36	11:22 23:47	06:58 16:50	07:59 18:40	01:15 13:06
十七日	火	きのと　う	九紫	東京浅草寺羽子板市（～十九日）		17	先負	たいら	尾	06:44 16:30	06:47 17:14	12:02 –	06:59 16:50	08:41 19:21	02:00 13:48
十八日	水	ひのえ　たつ	八白	納めの観音		18	仏滅	さだん	箕	06:45 16:30	07:24 17:51	00:28 12:40	06:59 16:50	09:23 20:01	02:43 14:29
十九日	木	ひのと　み	七赤			19	大安	とる	斗	06:45 16:31	07:59 18:28	01:08 13:17	07:00 16:51	10:06 20:41	03:25 15:13
二十日	金	つちのえ　うま	六白			20	赤口	やぶる	牛	06:46 16:31	08:33 19:07	01:46 13:56	07:01 16:51	10:52 18:20	04:05 16:05
二十一日	土	つちのと　ひつじ	五黄	冬至（18：21）、納めの大師、ゆず湯 奈良葛城一言主神社一陽来復祭	不成就日	21	先勝	あやぶ	女	06:46 16:32	09:08 19:54	02:23 14:42	07:01 16:52	11:42 –	04:44 –
二十二日	日	かのえ　さる	四緑		庚申	22	友引	なる	虚	06:47 16:32	09:44 21:00	03:00 15:43	07:02 16:52	12:39 23:25	05:19 21:51
二十三日	月	かのと　とり	三碧	◑下弦		23	先負	おさん	危	06:47 16:33	10:22 22:38	03:42 17:18	07:02 16:53	13:32 –	05:48 22:11
二十四日	火	みずのえ　いぬ	二黒	納めの地蔵 三重伊勢大神楽		24	仏滅	ひらく	室	06:48 16:33	11:05 –	04:39 18:49	07:02 16:53	03:08 14:01	06:08 22:30
二十五日	水	みずのと　い	一白	クリスマス 京都北野天満宮終い天神	一粒万倍日	25	大安	とづ	壁	06:48 16:34	00:43 11:51	05:58 19:46	07:03 16:54	14:14 –	22:52 –
二十六日	木	きのえ　ね	一白		一粒万倍日、甲子、天赦 陽遁始め	26	赤口	たつ	奎	06:48 16:35	02:36 12:43	07:16 20:28	07:03 16:55	06:37 14:28	08:52 23:17
二十七日	金	きのと　うし	二黒	官庁御用納め		27	先勝	のぞく	婁	06:49 16:35	03:39 13:35	08:19 21:05	07:04 16:55	06:49 14:57	10:07 23:44
二十八日	土	ひのえ　とら	三碧	納めの不動	三りんぼう	28	友引	みつ	胃	06:49 16:36	04:22 14:24	09:11 21:41	07:04 16:56	07:06 15:40	11:00 –
二十九日	日	ひのと　う	四緑		不成就日	29	先負	たいら	昴	06:49 16:37	04:57 15:08	09:56 22:18	07:04 16:57	07:23 16:29	00:11 11:41
三十日	月	つちのえ　たつ	五黄			30	仏滅	さだん	畢	06:50 16:37	05:31 15:48	10:37 22:56	07:05 16:57	07:42 17:20	00:40 12:20
三十一日	火	つちのと　み	六白	●新月、大晦日、年越し、八坂神社けら詣り 大祓、男鹿のナマハゲ、出羽三山神社松例祭（～元旦）	旧十二月小　己巳	朔	赤口	とる	觜	06:50 16:38	06:04 16:27	11:15 23:35	07:05 16:58	08:06 18:13	01:13 12:59

心に届く

手紙のあいさつ

時候のあいさつとは

普通私達が手紙を書く場合、大きく分けて〝実用〟と〝社交〟に区別できるものと考えられます。実用は移転の通知や招待状などで比較的面倒ではありませんが、社交には一定の形式というものがあります。まず冒頭に書くのが「拝啓」などで、そのあとに時候のあいさつとなります。時候のあいさつは、自分なりに季節感を織り込んでのびのびと書くことが大切です。決まり文句を並べすぎるのは味気ないものです。

時候のあいさつのさまざまな表現

※**一月（睦月・正月）**
初春・新春・厳寒のみぎり・寒の入り・大寒・寒気ことのほか厳しい日々ですが・降り積もる雪・スキー・スケート

※**二月（如月・梅見月）**
晩冬の候・寒明け・余寒の候・立春とは名ばかりで、朝夕はまだ寒さの厳しい季節でございますが・三寒四温

※**三月（弥生・花見月）**
早春の候・浅春のみぎり・急に春めいた今日この頃・一雨ごとの暖かさ・暑さ寒さも彼岸までと申しますが・雛祭り・春一番

※**四月（卯月・花残月）**
花冷え・花便り・うららか・春陽麗和の好季節・桜花爛漫の候・春たけなわ・楽しい新学期・春暖の候

※**五月（皐月・早苗月）**
薫風の候・晩春・立夏・緑したたる好季節・新緑の日にしみる昨今・春色ようやく衰え、吹く風も夏めいてまいりました

※**六月（水無月・風待月）**
梅雨・衣がえの季節・田植え・紫陽花・つばめ・梅雨冷えの折柄・初夏の候・素足の快い味わい・若鮎のさわやかな光り

※**七月（文月・七夜月）**
盛夏・梅雨明けの暑さ・土用の入り・天の川・七夕・爽快な夏・暑気日ごとに加わり・星祭り・いよいよ夏休み・避暑・夕風の涼味うれしい頃

※**八月（葉月・月見月）**
残暑の候・立秋・旧盆・秋立つ・朝顔・夏を惜しむ・秋立つとは申しながら、暑熱いまだ衰えをみせず・暑さもようやく峠を越え

※**九月（長月・菊月）**
二百十日・虫の音・秋晴れ・野分けの季節・朝夕日毎に凌ぎやすくなり・新涼の候・天高く馬肥ゆる好季節・日々、ひと雨ごとに秋も色こく相成り

※**十月（神無月・雷無月）**
秋冷・秋の味覚・月見・読書の秋・仲秋の候・昨今は日脚も短く相成り・菊薫る好季節・秋気身にしみる頃となりました

※**十一月（霜月・雪待月）**
晩秋・立冬・向寒・菊日和・渡り鳥・冬支度・七五三・逐日冷気加わる折柄・落陽の音にも秋の淋しさ身にしみて

※**十二月（師走・春待月）**
寒冷・酉の市・ゆず湯・冬至・初氷・木枯らし吹きすさぶ季節・歳末多端の折・本年も余すところ旬日に迫り

高島易断吉運本暦

九星別運勢と方位の吉凶

◎大吉　○吉　△凶　▲大凶

生まれ年別の九星の調べ方

本命星の出し方

生まれた年の九星を「本命星」といい、この星を主体にして方位や運勢を占います。各自の本命星を出すには、左の早見表を見てください。

まず自分の生まれ年を見て、右に行きますと、九星欄に九星が載っています。それがあなたの本命星となります。ただし、この場合に注意していただきたいことは、二月の節分以前の月・日に生まれた人は、その前の年に生まれた人と同じ本命星となることです。

暦上の新年は立春からです。たとえば平成五年一月三十日生まれの人の本命星は、平成五年の「七赤金星」ではなく、平成四年の「八白土星」になります。同様に干支も癸酉ではなく壬申になりますから、これは大切なことですから、間違えないようにしてください。

年齢の数え方

左表の年齢は満年齢になっていますので、今年の誕生日が来てこの年齢になります。また、この表の満年齢に一歳を加えれば数え年になります。

年齢から本命星を探す場合も、二月節分までに生まれた人は、その前年に生まれた人の年齢の欄を見るよう、注意してください。

年齢	干支	生年		九星
		邦暦	西暦	
歳		年	年	
29	乙亥	平成7	1995	五黄土星
28	丙子	8	1996	四緑木星
27	丁丑	9	1997	三碧木星
26	戊寅	10	1998	二黒土星
25	己卯	11	1999	一白水星
24	庚辰	12	2000	九紫火星
23	辛巳	13	2001	八白土星
22	壬午	14	2002	七赤金星
21	癸未	15	2003	六白金星
20	甲申	16	2004	五黄土星
19	乙酉	17	2005	四緑木星
18	丙戌	18	2006	三碧木星
17	丁亥	19	2007	二黒土星
16	戊子	20	2008	一白水星
15	己丑	21	2009	九紫火星
14	庚寅	22	2010	八白土星
13	辛卯	23	2011	七赤金星
12	壬辰	24	2012	六白金星
11	癸巳	25	2013	五黄土星
10	甲午	26	2014	四緑木星
9	乙未	27	2015	三碧木星
8	丙申	28	2016	二黒土星
7	丁酉	29	2017	一白水星
6	戊戌	30	2018	九紫火星
5	己亥	平成31 令和元	2019	八白土星
4	庚子	2	2020	七赤金星
3	辛丑	3	2021	六白金星
2	壬寅	4	2022	五黄土星
1	癸卯	5	2023	四緑木星
0	甲辰	6	2024	三碧木星

＊甲（きのえ）、乙（きのと）、丙（ひのえ）、丁（ひのと）、戊（つちのえ）、己（つちのと）、庚（かのえ）、辛（かのと）、壬（みずのえ）、癸（みずのと）、子（ね）、丑（うし）、寅（とら）、卯（う）、辰（たつ）、巳（み）、午（うま）、未（ひつじ）、申（さる）、酉（とり）、戌（いぬ）、亥（い）

令和６年（干支／九星）年齢早見表

年齢	干支	生年		九星
		邦暦	西暦	
歳		年	年	
97	丁卯	昭和2	1927	一白水星
96	戊辰	3	1928	九紫火星
95	己巳	4	1929	八白土星
94	庚午	5	1930	七赤金星
93	辛未	6	1931	六白金星
92	壬申	7	1932	五黄土星
91	癸酉	8	1933	四緑木星
90	甲戌	9	1934	三碧木星
89	乙亥	10	1935	二黒土星
88	丙子	11	1936	一白水星
87	丁丑	12	1937	九紫火星
86	戊寅	13	1938	八白土星
85	己卯	14	1939	七赤金星
84	庚辰	15	1940	六白金星
83	辛巳	16	1941	五黄土星
82	壬午	17	1942	四緑木星
81	癸未	18	1943	三碧木星
80	甲申	19	1944	二黒土星
79	乙酉	20	1945	一白水星
78	丙戌	21	1946	九紫火星
77	丁亥	22	1947	八白土星
76	戊子	23	1948	七赤金星
75	己丑	24	1949	六白金星
74	庚寅	25	1950	五黄土星
73	辛卯	26	1951	四緑木星
72	壬辰	27	1952	三碧木星
71	癸巳	28	1953	二黒土星
70	甲午	29	1954	一白水星
69	乙未	30	1955	九紫火星
68	丙申	31	1956	八白土星
67	丁酉	32	1957	七赤金星
66	戊戌	33	1958	六白金星
65	己亥	34	1959	五黄土星
64	庚子	35	1960	四緑木星
63	辛丑	昭和36	1961	三碧木星
62	壬寅	37	1962	二黒土星
61	癸卯	38	1963	一白水星
60	甲辰	39	1964	九紫火星
59	乙巳	40	1965	八白土星
58	丙午	41	1966	七赤金星
57	丁未	42	1967	六白金星
56	戊申	43	1968	五黄土星
55	己酉	44	1969	四緑木星
54	庚戌	45	1970	三碧木星
53	辛亥	46	1971	二黒土星
52	壬子	47	1972	一白水星
51	癸丑	48	1973	九紫火星
50	甲寅	49	1974	八白土星
49	乙卯	50	1975	七赤金星
48	丙辰	51	1976	六白金星
47	丁巳	52	1977	五黄土星
46	戊午	53	1978	四緑木星
45	己未	54	1979	三碧木星
44	庚申	55	1980	二黒土星
43	辛酉	56	1981	一白水星
42	壬戌	57	1982	九紫火星
41	癸亥	58	1983	八白土星
40	甲子	59	1984	七赤金星
39	乙丑	60	1985	六白金星
38	丙寅	61	1986	五黄土星
37	丁卯	62	1987	四緑木星
36	戊辰	63	1988	三碧木星
35	己巳	昭和64 平成元	1989	二黒土星
34	庚午	2	1990	一白水星
33	辛未	3	1991	九紫火星
32	壬申	4	1992	八白土星
31	癸酉	5	1993	七赤金星
30	甲戌	6	1994	六白金星

生まれ年（九星）による性格と運勢

人は生まれ年によりその人特有の運命を持ちます。その性質や運勢を表したものが九星です。「吉凶悔吝《かいりん》は動より生じる。」という易の言葉があります。人は動くことにより吉運、凶運が生まれます。九星気学は良い時に良い方向に動いて吉運をつかみ、悪い運を未然に防ぐことができます。

生まれた時に受けたあなたの生気と相性の良い気の流れに乗ると吉運を得ることができます。反対に、相性の悪い気の流れに乗ってしまうと凶運を呼び込んでしまいます。このページは吉運気をつかむヒントになる九星の性格と運勢を記したものです。

ここに記されている九星とは天体の星ではありません。五行《ごぎょう》に配された木、火、土、金、水の気を受けた場所や象意《しょうい》の意味で用いられています。

また各九星の色は時間の経過を表しています。さらに、色の一部はその時間帯の表情や状況を示しています。

あなたの本命星は、表紙の裏ページの年齢早見表や56〜57ページをご参照ください。

各星の基本性質

一白水星
基本・水
天候・雨
色合・ブルー
人物・中年男性
味覚・塩辛い
象意・交わり
職業・商売人
人体・腎臓

二黒土星
基本・大地
天候・穏かな日
色合・黒
人物・お母さん
味覚・甘い
象意・従順
職業・副の人
人体・腹部

三碧木星
基本・雷と音
天候・地震と雷
色合・碧
人物・成熟男性
味覚・酸っぱい
象意・伝達
職業・音の仕事
人体・肝臓

四緑木星
基本・木
天候・四季の風
色合・グリーン
人物・長女
味覚・酸っぱい
象意・人物往来
職業・運送外交
人体・腸　神経

五黄土星
基本・土　湿気
天候・四季土用
色合・黄色
人物・長老
味覚・甘い
象意・古い
職業・古物商
人体・大腸

六白金星
基本・金
天候・晴天
色合・白
人物・父　社長
味覚・辛い
象意・動く
職業・宝石商
人体・頭　血圧

七赤金星
基本・沢
天候・荒れ模様
色合・赤
人物・少女
味覚・辛い甘い
象意・笑う
職業・飲食店
人体・気管口中

八白土星
基本・山
天候・曇天急変
色合・白
人物・相続人
味覚・甘い
象意・変わり目
職業・不動産
人体・関節　腰

九紫火星
基本・火
天候・暑気南風
色合・紫
人物・学者
味覚・苦い
象意・発覚発見
職業・役所
人体・頭脳　目

一白水星

易の坎《かん》の卦《か》で「水」を表します。水は大地を潤して命を育て、高い所から低い所へと流れていく性質です。一白水星の人は従順で状況によって形を変える適応性を持っていますが、氾濫する大河のような激しさも併せ持っています。地下を流れる水脈のように秘密事を隠すのが上手です。交わりや繋ぐといった意味があり、商売人や外交員、仲介者に向いている星でもあります。水分、アルコールの象意もあるので、人体では血液や腎臓を表すこともあります。

二黒土星

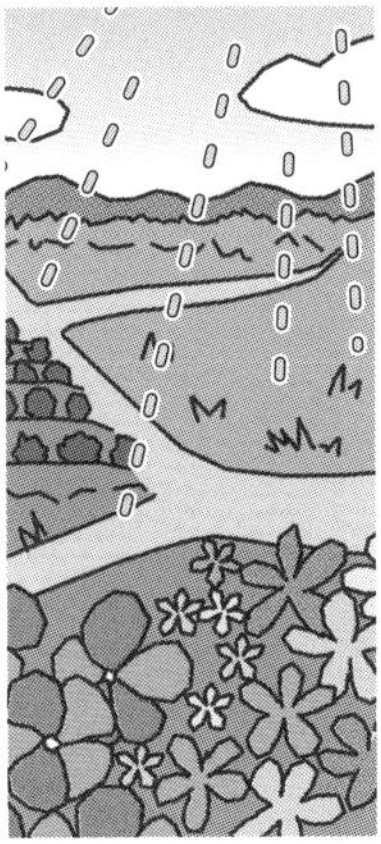

易の坤《こん》の卦《か》で「大地」を表します。母なる大地はすべてを受け入れて育てます。二黒土星の人は優しさと慈しみを持ち勤勉で真面目ですが、優柔不断なところがあります。人物では妻や母を表し、世話を焼くのが好きで、跡継ぎを育成することが上手な人です。トップで動くよりもナンバー2の位置のほうが活躍できる傾向があり、コツコツと努力を積み上げることができる人が多い星です。人体では胃や消化器を指し、ストレスによる胃潰瘍などの象意もあります。

三碧木星

易の震《しん》の卦《か》で「雷」を表します。稲妻は目も眩むような閃光と激しい雷鳴で空気を振動させます。三碧木星の人は若々しく、行動的で活発な性質を持っています。アイディアや発想力に秀で、責任感が強い人が多い星でもあります。雷は正体がないもので、雷鳴は騒がしくも後には何も残らないように、大言壮語する傾向も持っています。人体においては肝臓や舌などに関連があり、肝炎や神経痛などの象意もあります。楽器や音が鳴るものに縁があります。

四緑木星

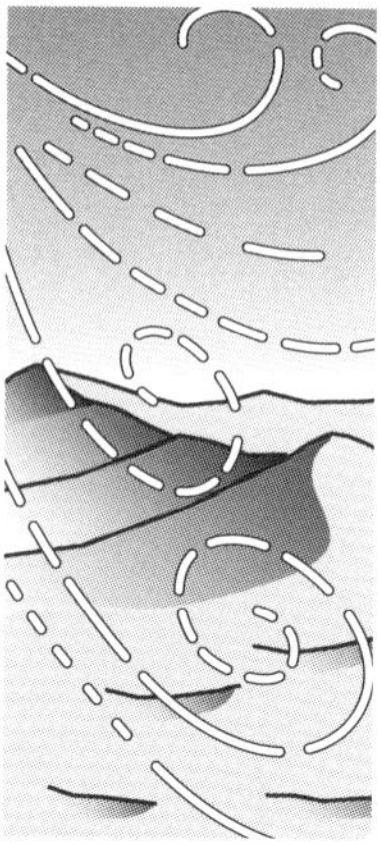

易の巽《そん》の卦《か》で「風」を表します。風は物に従い、小さな隙間でも入り込む性質があります。そのため従順で自由を好み、柔軟な思考を持っています。人の行き交いや出入りといった意味があり、人同士の縁に関わる要素があります。四緑木星の人は世渡り上手で、マイペースな性格で穏やかな人が多いのですが、気まぐれで束縛を嫌い優柔不断な部分があります。人体では気管や呼吸器系、また長い形状の物の象意から腸などを表しています。

五黄土星

易では太極《たいきょく》を指します。他の星とは違い、五黄土星は卦《か》には含まれません。八卦は太極から生じており、根源的な存在にあたります。事象の始まりであり終点でもあるのです。他の八つの星の中央に位置して統べる存在であるため、五黄土星の人は精神的に強靭で頼れる存在といえます。人で表すなら帝王や権力者で、我儘で自信過剰な性質があります。すべてのものは土に還ることから腐敗の意味もあります。人体においては五臓六腑や心臓の意味を持ちます。

六白金星

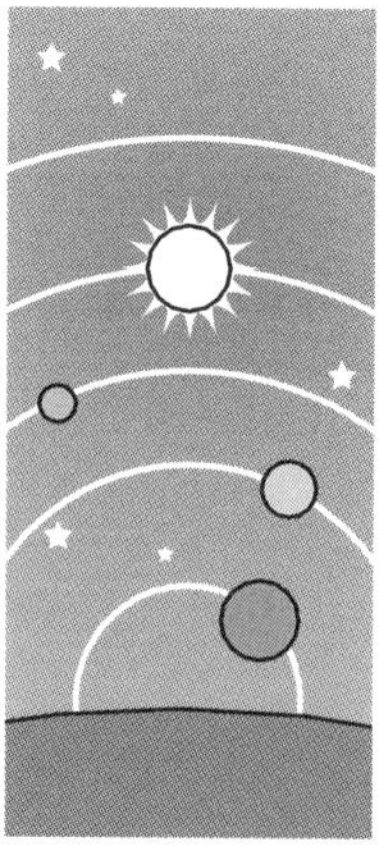

易の乾《けん》の卦《か》で「天」を表します。天は休みなく回り続けて循環するものです。星の運行が停止することはありません。この状態は健全であり完成されたものです。天を意味する六白金星の人は国でいえば君主、一家では家長にあたります。健全に動いてこそ国や家が成り立つ中心人物です。自尊心が高くやや自意識過剰な傾向がありますが、正義感が強く真面目で努力家の人が多い星です。人体では思考の中心である頭や血液を循環させる心臓を表します。

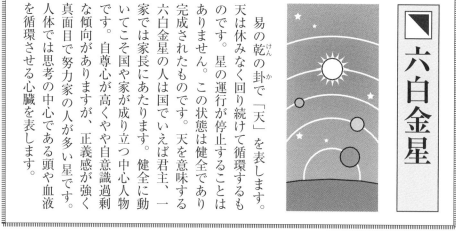

七赤金星

易の兌《だ》の卦《か》で「沢」を表します。沢は湿地帯や渓谷であり、水をたたえている場所です。人に利益をもたらすことを「恩沢《おんたく》」というように、水辺では休息と恩恵が受けられます。遊楽や遊行の意味があり、七赤金星の人は遊びやお喋り好きな傾向があります。少女や芸妓を表し、社交的で人あたりが良く派手好き、浪費家でもあります。人体では口や舌などを表します。遊びに長けていますが満足することは少なく、何かしら不満を持っていることが多いです。

八白土星

易の艮《ごん》の卦《か》で「山」を表します。山は不動のものです。また土が積み重なった様や連峰のように連なったことから積む、重なるといった意味を持ちます。艮は夜から朝に移る丑寅の時間を指してもいるため、変化や繋ぎ目といった意味も持っています。八白土星の人は正直で真面目な性格です。堅実で忍耐強く仕事を遂行します。不動の山であることから決断が遅くて臨機応変さに欠ける部分もあります。繋ぐ象意から人体では関節や骨などを指します。

九紫火星

易の離《り》の卦《か》で「火」を表します。輝く太陽でもあり、眩しく輝く存在です。火の明かりに照らされることは美しさを意味し、光で詳細が明らかになることから知性や頭脳も指します。九紫火星の人は人目を惹く華やかさや明晰な頭脳を持つ人が多いです。名誉にこだわり見栄っ張りで競争心も強いです。目標や競争相手を失うと急激に情熱が消えてしまう燃え尽きタイプが多い傾向もあります。人体においては目や頭部、神経などを表します。

一《いっ》白《ぱく》水《すい》星《せい》

生長期

方位吉凶図

吉方

本年は相生する六白金星が回座する東北方位、七赤金星が回座する南方位、四緑木星が回座する西北方位のうち、乾の方位、亥の方位が吉方となります。月別の吉方は毎月の運勢欄をご覧ください。

凶方

本年は五黄土星が回座する西方位が五黄殺、反対の一白水星が回座する東方位が暗剣殺の大凶方位になります。一白水星が回座する東方位が本命殺、五黄土星が回座する西方位が本命的殺となり暗剣殺、五黄殺と重なる大凶方位になります。本年の十二支である辰の反対側、戌の方位が歳破で大凶方位です。月別の凶方は毎月の運勢欄をご覧ください。

今年の運勢の変化と指針

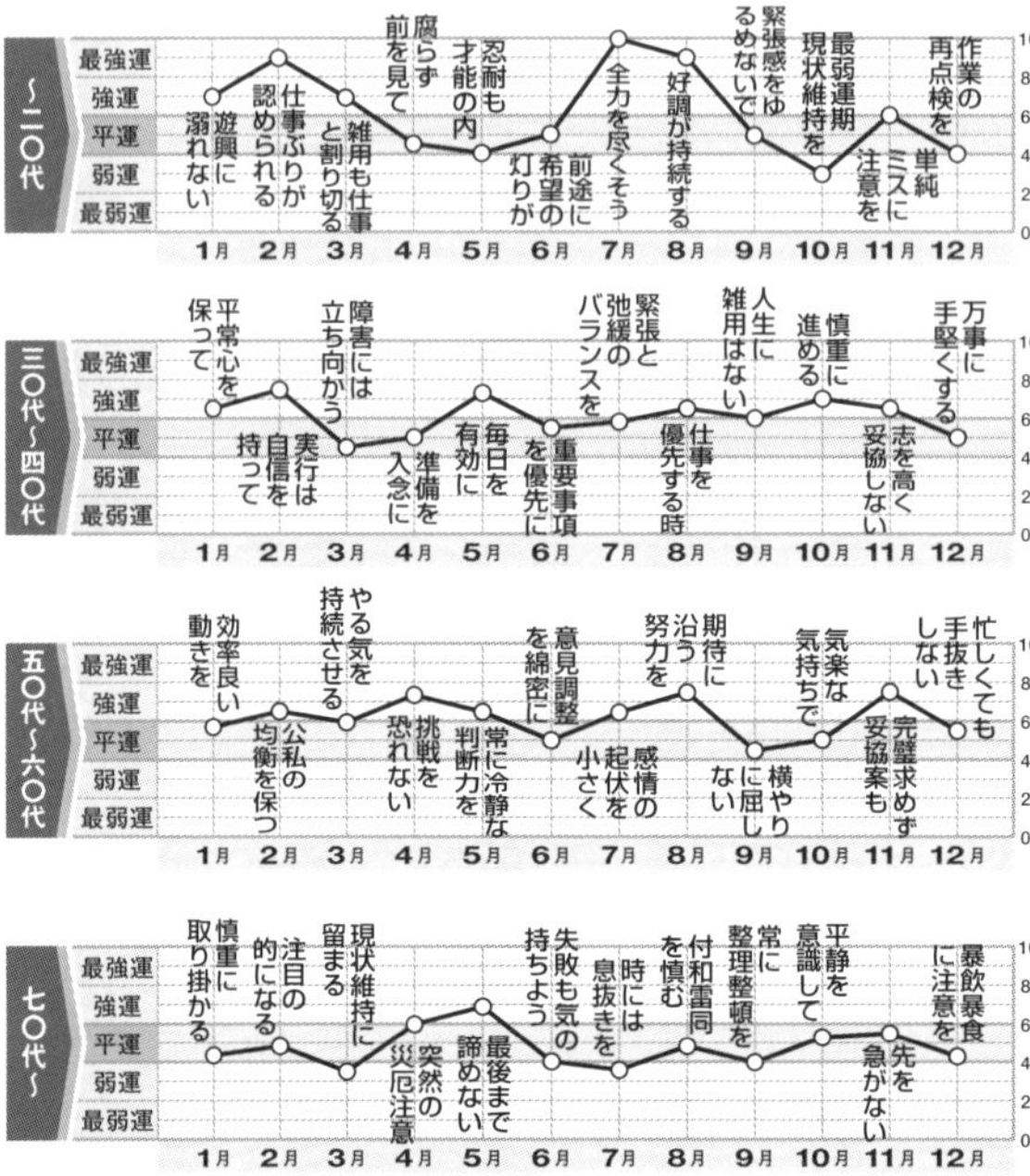

●本年は生長期といって、今まで冬眠していた草木が芽を出してこれからぐんぐん生長していく時期です。行動的なあなたは積極的にあれこれとやってみたい衝動に駆られます。しかし、気持ちの中で少し待ってとストップをかけてください。勢いはあるのですが、あまり良い星回りではありません。人間関係も活発になり仕事面でも新企画があり、活発な気運になりますが、うかつに手を出さないほうが良いです。暗剣殺という殺伐とした大凶殺が付き、さらに足を引っ張る八白土星という相性の悪い凶殺が被同会して付いているからです。十分に警戒しなければいけない星回りなのです。新規計画などは次年度に繰り越したほうが良いです。この年の不動産の売買は避けましょう。本年は悪い面が強調されます。十分に気を付けましょう。

●本年は今まで継続してきたことを守り通すのが最善策です。

適職

法律家、医師、印刷業、飲食業、書店、文筆業、政治家、漁業水産加工、酒類製造販売業、観光旅行業、クリーニング業、ガソリンスタンド、モデル、タレント、コンパニオン等

年齢別１年間の運勢指針

7歳（平成29年 丁酉）
嫌いな相手に意地悪や過激な言葉を向けないように指導してあげることは大切です。

16歳（平成20年 戊子）
精神的には未熟なところがあるものです。常識を教えることは大人になった時に生きてきます。

25歳（平成11年 己卯）
仕事に真剣に向き合わないと、障害に遭った時に助けてくれる人がいなくなります。

34歳（平成2年 庚午）
重要な時期に差しかかっている年齢です。将来を見据えた基礎固めの手を打ちましょう。

43歳（昭和56年 辛酉）
運気はあなたに味方しない時です。焦点を絞って一つのことを完全に仕上げるようにしましょう。

52歳（昭和47年 壬子）
運気は良いです。全力で成果を挙げましょう。結果をつかむまでは緊張感をゆるめないことが肝心です。

61歳（昭和38年 癸卯）
事前準備を周到にして取り掛かりましょう。段階を踏んで進んでいけば、結果は良好を得られます。

70歳（昭和29年 甲午）
親しくなるとわがままになるものです。親しき仲にも礼儀ありで対応したほうが、万事に都合良くいきます。

79歳（昭和20年 乙酉）
自分が納得しても相手が承諾しないような方法は良くないでしょう。人の噂話や悪口は控えましょう。

88歳（昭和11年 丙子）
良い運気の巡り合わせです。周囲との和合を心掛けると楽しい人生を送ることができます。

97歳（昭和2年 丁卯）
足腰が弱ったとはいえ、その天分を惜しむ声はあるでしょう。埋もれさせず世の中に役立たせて。

106歳（大正7年 戊午）
人との会話が活性化エネルギーとなって働きます。周囲の人々と会話を楽しみましょう。

●今年の健康運

今年の健康運は動き過ぎによる疾患に注意しましょう。動き過ぎて無理をすると、肝臓に負担をかけて大病になりかねません。夢中になると向こう見ずな行動を取りがちです。

電気の取り扱いには油断せず、感電に注意しましょう。神経痛やリウマチにも警戒が必要です。喘息の持病がある人は、空気の悪い場所への出入りに注意しましょう。

●今年の金銭運

本年は働けば働いた分の実入りがあります。目標を決めて進めていくのが良いです。ただし金銭の管理には十分な計画を立て、丁寧に取り扱いましょう。気を引き締めて、甘い言葉や儲け話には乗らないようにしましょう。詐欺まがいのいい加減な話が多いものです。今年の金運は悪くないのです。「スキを作らない、スキを与えない」を心掛けてください。

●今年の恋愛運

異性との交際を遊び半分ですると大きな痛手を被ります。遊び半分の恋愛ごっこは波乱を呼びますので控えましょう。既婚者との恋愛も、高い代償を支払うことになります。

今年の異性運は良いのですが、あなたから見て東方位に住んでいる相手とは付き合わないほうが無難です。お付き合いするなら十分に見極めてからにしましょう。

一月 運勢

一月六日小寒の節より
月命乙丑　六白金星の月
暗剣殺　西北の方位

陽気な雰囲気の年明けとなります。賑やかさに惑わされて自分を見失わないように注意しましょう。

飲食の機会も増えます。度が過ぎないように警戒してください。飲んだあとで転ぶと、思わぬ大きな怪我になります。

金銭面は比較的良い月ですが生活が派手になりやすい傾向です。自制心を

●一月の方位

今月の吉方位	吉→東、申、坤
1月の幸運数	5、7、0
幸運色	イエロー

●吉日と注意日

16火	15月	14日	13土	12金	11木	10水	9火	8月	7日	6土	5金	4木	3水	2火	1月
△	○	▲	△	△	◎	○	○	○	△	○	▲	△	△	◎	○
	31水	30火	29月	28日	27土	26金	25木	24水	23火	22月	21日	20土	19金	18木	17水
	△	△	◎	○	○	○	△	○	▲	△	△	◎	○	○	○

二月 運勢

二月四日立春の節より
月命丙寅　五黄土星の月
暗剣殺　なし

華やかな雰囲気の前月に比べ、一転して重苦しい空気の月に変わります。衰運気になり、人の交流も少なくなります。

今月は新しいことには手を出さず、現在地に留まる方針をとるのが良いです。作業の過程の一つ一つを丁寧に確認しながら進みましょう。情勢を正しく見極め、猛進を慎みましょう。

●二月の方位

今月の吉方位	大吉→亥、乾 吉→東南
2月の幸運数	5、6、7
幸運色	ホワイト

●吉日と注意日

16金	15木	14水	13火	12月	11日	10土	9金	8木	7水	6火	5月	4日	3土	2金	1木
◎	○	◎	○	△	○	▲	△	△	◎	○	◎	○	△	○	▲
			29木	28水	27火	26月	25日	24土	23金	22木	21水	20火	19月	18日	17土
			○	▲	△	△	◎	○	◎	○	△	○	▲	△	△

三月 運勢

三月五日啓蟄の節より
月命丁卯　四緑木星の月
暗剣殺　東南の方位

今月は一転して言動が目立つ月となります。日頃の行動や発言には神経を使い、過激な言動は避けましょう。いつも公明正大な態度が望ましいのですが、思ったことをそのまま口に出す傾向がある人は十分に用心をしましょう。

健康に関しては、熱が出たら早めに診察を受けましょう。眼病にも注意を。

●三月の方位

今月の吉方位	なし
3月の幸運数	2、3、7
幸運色	パープル

●吉日と注意日

16土	15金	14木	13水	12火	11月	10日	9土	8金	7木	6水	5火	4月	3日	2土	1金
△	△	○	○	◎	○	△	○	▲	△	△	◎	○	◎	○	△
	31日	30土	29金	28木	27水	26火	25月	24日	23土	22金	21木	20水	19火	18月	17日
	○	◎	○	△	○	▲	△	△	○	○	◎	○	△	○	▲

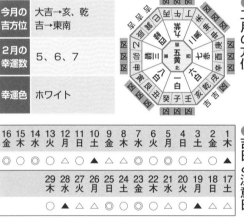

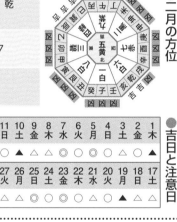

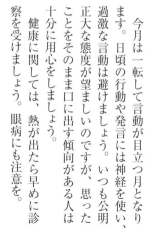

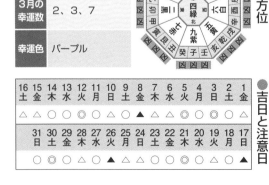

四月 運勢

四月四日清明の節より
月命戊辰　三碧木星の月
暗剣殺　東の方位

運気は一気に開けた感じの月です。何でもできそうな勢いのある月になります。しかし、いつ災難が襲ってきても不思議ではない月なのです。物事の決着は早くつけるのが得策です。災難を恐れるあまり何もしないのでは発展がありません。困難が起きた時の対処の仕方で損失が大きくなるか小さくなるかの差が出ます。

四月の方位

今月の吉方位	大吉→東北、南 吉→亥、乾
4月の幸運数	1、6、9
幸運色	ブラック

吉日と注意日

1 月	2 火	3 水	4 木	5 金	6 土	7 日	8 月	9 火	10 水	11 木	12 金	13 土	14 日	15 月	16 火
○	△	△	▲	○	△	○	◎	○	◎	△	△	▲	○	△	○

17 水	18 木	19 金	20 土	21 日	22 月	23 火	24 水	25 木	26 金	27 土	28 日	29 月	30 火
◎	○	◎	△	△	▲	○	△	○	◎	○	◎	△	△

五月 運勢

五月五日立夏の節より
月命己巳　二黒土星の月
暗剣殺　西南の方位

仕事に全力を尽くしましょう。成果が出やすい月です。遠方の取引にも縁ができて利益が上がる傾向にあります。好機を逃さず飛躍につなげましょう。年配の女性からの依頼は大きな利益につながることがあります。単純なミスをして破談にならぬよう細心の注意を払って事に当たりましょう。

五月の方位

今月の吉方位	大吉→北、南
5月の幸運数	5、8、0
幸運色	クリスタルホワイト

吉日と注意日

1 水	2 木	3 金	4 土	5 日	6 月	7 火	8 水	9 木	10 金	11 土	12 日	13 月	14 火	15 水	16 木
▲	○	△	○	◎	○	◎	△	△	▲	○	△	○	◎	○	◎

17 金	18 土	19 日	20 月	21 火	22 水	23 木	24 金	25 土	26 日	27 月	28 火	29 水	30 木	31 金
△	▲	▲	○	△	○	◎	○	◎	△	▲	▲	○	△	○

六月 運勢

六月五日芒種の節より
月命庚午　一白水星の月
暗剣殺　北の方位

興味を引く新しいことが次々に飛び込んでくる月です。好奇心旺盛になるのは良いことです。ポイントを絞って着手しましょう。こんな時こそ計画表をきちんと作って計画通りに推進させていくことが重要です。輪の中心にされ依頼事をされることがあります。嫌がらずに引き受けてみましょう。

六月の方位

今月の吉方位	大吉→西南 吉→東北
6月の幸運数	3、4、8
幸運色	グリーン

吉日と注意日

1 土	2 日	3 月	4 火	5 水	6 木	7 金	8 土	9 日	10 月	11 火	12 水	13 木	14 金	15 土	16 日
◎	○	◎	△	△	▲	○	△	○	◎	○	◎	△	△	▲	○

17 月	18 火	19 水	20 木	21 金	22 土	23 日	24 月	25 火	26 水	27 木	28 金	29 土	30 日
△	○	◎	○	◎	△	△	▲	○	△	○	◎	◎	○

七月　運勢

七月六日小暑の節より
月命辛未　九紫火星の月
暗剣殺　南の方位

仕事は絶好調の月です。周囲からの期待も大きくなります。計画は順調に進んでいきます。選択した方向性の良否を正しく見極めていけば成果は大きいです。中道の精神を発揮して対処しましょう。

一瞬の迷いで好機を逃してしまうことがあります。決断力は日頃の生活態度の中で養いましょう。

七月の方位

今月の吉方位	大吉→西南 吉→寅、艮
7月の幸運数	3、5、8
幸運色	ブルー

吉日と注意日

日	曜	吉凶
1	月	△
2	火	○
3	水	▲
4	木	△
5	金	△
6	土	◎
7	日	○
8	月	◎
9	火	○
10	水	△
11	木	○
12	金	▲
13	土	△
14	日	△
15	月	◎
16	火	○
17	水	◎
18	木	○
19	金	△
20	土	○
21	日	▲
22	月	△
23	火	△
24	水	◎
25	木	○
26	金	◎
27	土	○
28	日	△
29	月	○
30	火	▲
31	水	△

八月　運勢

八月七日立秋の節より
月命壬申　八白土星の月
暗剣殺　東北の方位

ベテラン社員から干渉が入り、業務が停滞することがあります。経験から身につけた知識には役に立つものが多々あるものです。上手に対応しましょう。うやむやにするのは良くありません。

妙に気力の充実を覚える時があります。実力をしっかり見極め、あまり分不相応な計画は引き受けないほうが無難です。

八月の方位

今月の吉方位	大吉→東南 吉→南、北
8月の幸運数	5、8、0
幸運色	ゴールド

吉日と注意日

日	曜	吉凶
1	木	△
2	金	◎
3	土	○
4	日	◎
5	月	○
6	火	△
7	水	○
8	木	▲
9	金	△
10	土	△
11	日	◎
12	月	○
13	火	◎
14	水	○
15	木	△
16	金	○
17	土	▲
18	日	△
19	月	△
20	火	◎
21	水	○
22	木	◎
23	金	○
24	土	△
25	日	○
26	月	▲
27	火	△
28	水	△
29	木	◎
30	金	○
31	土	◎

九月　運勢

九月七日白露の節より
月命癸酉　七赤金星の月
暗剣殺　西の方位

援助者の協力が受けやすい月です。受ける援助を上手に活用していくと、物事がスムーズに進みます。仕事量がいつになく増えますので、手順をしっかり考えて効率良く推進していきましょう。

時流に乗ることも大切で、仕事上で逆らうのは得策ではありません。自己の特色が出るように工夫しましょう。

九月の方位

今月の吉方位	大吉→東南 吉→北
9月の幸運数	1、4、9
幸運色	ブラウン

吉日と注意日

日	曜	吉凶
1	日	○
2	月	△
3	火	○
4	水	▲
5	木	△
6	金	△
7	土	◎
8	日	○
9	月	◎
10	火	△
11	水	△
12	木	○
13	金	▲
14	土	△
15	日	△
16	月	◎
17	火	○
18	水	◎
19	木	△
20	金	△
21	土	○
22	日	▲
23	月	△
24	火	△
25	水	◎
26	木	○
27	金	◎
28	土	△
29	日	△
30	月	○

十月 運勢

十月八日寒露の節より
月命甲戌　六白金星の月
暗剣殺　西北の方位

物事を推進する時は腰を据えて対応しましょう。他に適する仕事があると考えるのは間違いです。目前の職務に全力を尽くしましょう。

遊興の誘いが多くなります。節度を保ち気分転換を図ると、精神がリラックスして仕事も効率良くなります。ストレス発散が上手にできるのも生き抜く力です。

十月の方位

今月の吉方位	吉→西南
10月の幸運数	2、4、9
幸運色	レッド

吉日と注意日

1火	2水	3木	4金	5土	6日	7月	8火	9水	10木	11金	12土	13日	14月	15火	16水
▲	△	△	◎	○	◎	△	△	○	▲	△	△	◎	○	○	○

17木	18金	19土	20日	21月	22火	23水	24木	25金	26土	27日	28月	29火	30水	31木
△	○	▲	△	△	◎	○	○	○	△	○	▲	△	△	◎

十一月 運勢

十一月七日立冬の節より
月命乙亥　五黄土星の月
暗剣殺　なし

一生懸命やっているのに成果が上がらないもどかしさを感じるでしょう。焦らずペースダウンする時です。今月はやる気と成果がうまく噛み合わないだけです。

長い目で見た対処法をとりましょう。先に進めるより内容を充実させることを主体にすると気持ちが楽になり、かえって成果も順調に上がってくるものです。

十一月の方位

今月の吉方位	大吉→亥、乾 吉→辰、巽
11月の幸運数	5、6、0
幸運色	レモンイエロー

吉日と注意日

1金	2土	3日	4月	5火	6水	7木	8金	9土	10日	11月	12火	13水	14木	15金	16土
○	○	○	△	○	▲	△	△	◎	○	◎	○	△	○	▲	△

17日	18月	19火	20水	21木	22金	23土	24日	25月	26火	27水	28木	29金	30土
△	◎	○	◎	○	△	○	▲	△	△	◎	○	◎	○

十二月 運勢

十二月七日大雪の節より
月命丙子　四緑木星の月
暗剣殺　東南の方位

実力を過信せず地道に前進しましょう。難問に遭遇しても簡単に諦めない強い信念も必要です。上司や経験者に相談するのも有効な方法です。正々堂々と歩んでいくことを心掛けましょう。隠し事や秘密は早い時期に露見します。

私生活では見栄を張らないで過ごすことを心掛けてください。

十二月の方位

今月の吉方位	なし
12月の幸運数	2、8、0
幸運色	ダークパープル

吉日と注意日

1日	2月	3火	4水	5木	6金	7土	8日	9月	10火	11水	12木	13金	14土	15日	16月
△	○	▲	△	△	◎	○	◎	○	△	○	▲	△	△	○	○

17火	18水	19木	20金	21土	22日	23月	24火	25水	26木	27金	28土	29日	30月	31火
◎	○	△	○	▲	△	△	○	○	○	○	△	△	▲	○

二黒土星《じこくどせい》

◎開花期

今年の運勢の変化と指針

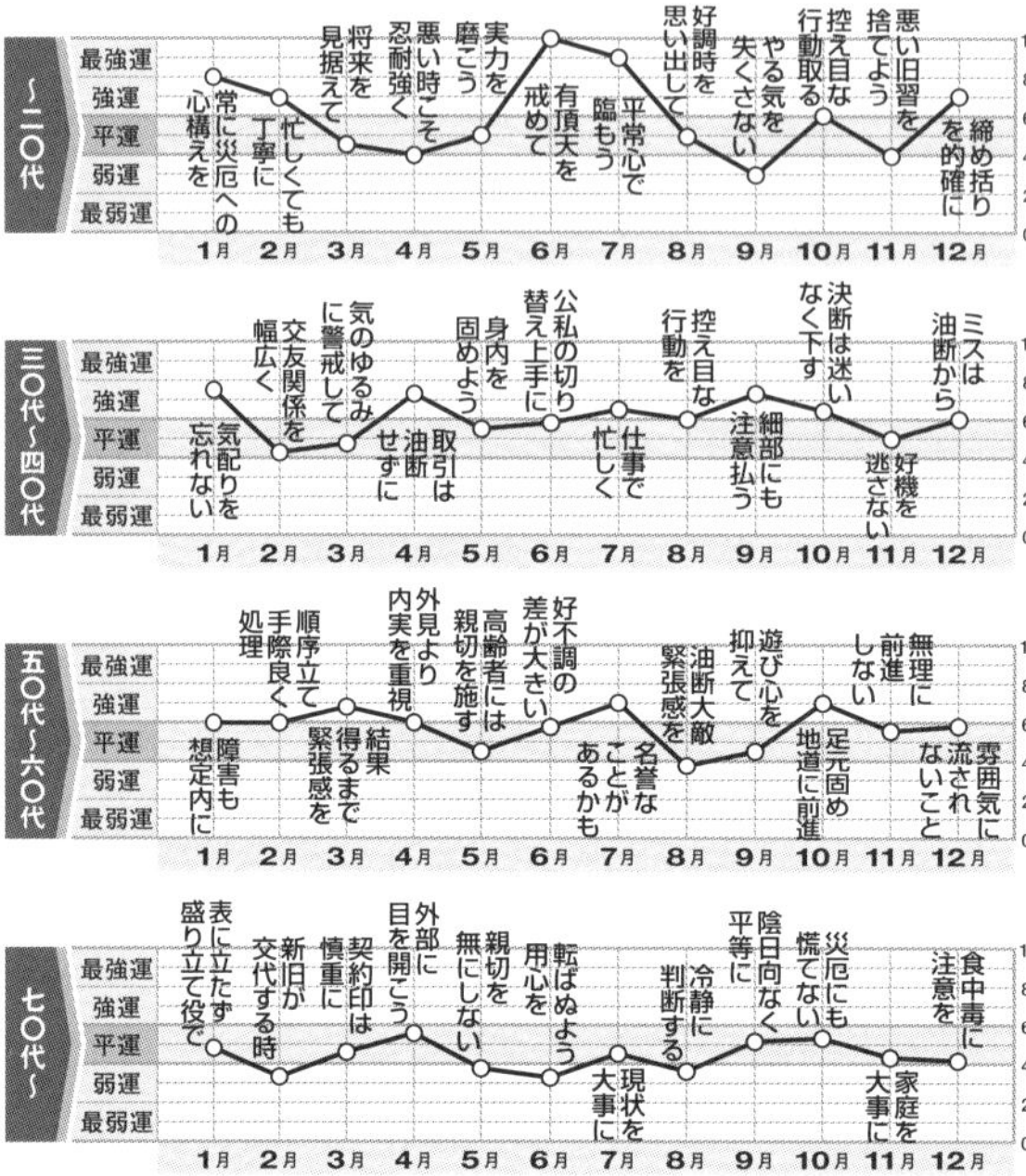

●本年のあなたの星は、東南方位の巽宮《そんきゅう》に回座しています。開花期は、文字通りつぼみが開き大輪の花を咲かせる時です。新規の支店を出す、新築移転や転職などにも良好な時期です。新規の支店設置に伴い遠方との取引が活発になる兆候があります。積極的に取り組んでみると良いです。交友関係も活発になり広がりを見せます。疎遠だった人とも再会ができて、意外な喜び事があります。新たな出会いや取引も期待できます。さらに、信用が増し地位が向上する兆しも見られます。注意しなければいけないのは、名誉や地位向上を得て高慢な態度を取ると親しい人と離れ離れになって寂しさを味わうことになってしまうことです。謙虚な姿勢を忘れないようにしましょう。対人関係はいつも適度な距離感を保って相手に対する尊敬の念や礼節を忘れないことです。好調な時ほど油断してしまう心持ちに警戒を強く持ち、緊張感を忘れないようにしましょう。

適職　農業、不動産業、建築・土木業、陶磁器業、古物販売業、レストラン業、産婦人科、婦人用品販売ストア、胃腸クリニック、会社補佐役、シルバー産業、米屋等

方位吉凶図

吉方

本年は相生する七赤金星が回座する南方位、九紫火星が回座する西南方位、八白土星が回座する北方位、六白金星が回座する東北方位が吉方位となります。月別の吉方は毎月の運勢欄をご覧ください。

凶方

本年は五黄土星が回座する西方位が五黄殺、反対の一白水星が回座する東方位が暗剣殺の大凶方位となります。二黒土星が回座する東南方位が本命殺、四緑木星が回座する西北方位が本命的殺の大凶方位になります。本年の十二支である辰の反対側、戌の方位が歳破で大凶方位です。月別の凶方は毎月の運勢欄をご覧ください。

年齢別１年間の運勢指針

年齢	生年	運勢指針
8歳	（平成28年 丙申）	交際範囲が広がり、好奇心も大きくなります。スマホの操作ばかりして暮らすと、交際術も養われません。
17歳	（平成19年 丁亥）	周囲の大人は様子の変化を見逃さずに手を差し伸べる注意力が重要です。
26歳	（平成10年 戊寅）	若い時の失敗は挽回できるものです。周りの人が気付いたら、カバーできることを教えてあげましょう。
35歳	（平成元年・昭和64年 己巳）	万事に忍耐強く前向きに進めましょう。継続して推進させることが成功の秘訣です。
44歳	（昭和55年 庚申）	周囲から注目される一年となります。身だしなみに注意を払い、日々の言動にも気をつけましょう。
53歳	（昭和46年 辛亥）	新たな挑戦をするのに年齢は関係ありません。やりたいことがあれば、果敢に実行してみましょう。
62歳	（昭和37年 壬寅）	行動と実績が噛み合わず、少し期待外れかもしれません。でも、実行したという努力は刻まれ残ります。
71歳	（昭和28年 癸巳）	研鑽を続けることで脳細胞の活性化を維持させます。いつまでも若く動けることの原動力です。
80歳	（昭和19年 甲申）	遅くても確実な実りを手にするには丁寧に進めることが何よりの良い方法です。
89歳	（昭和10年 乙亥）	周囲の雑音に惑わされることは良くありません。年齢に関係なく周囲との和は大切にしましょう。
98歳	（昭和元年・大正15年 丙寅）	日々の暮らしの中で他者の助けなしに人間は生きることができません。相互助け「愛」の気持ちは大切です。
107歳	（大正6年 丁巳）	体験を聞かせてあげましょう。若い世代の参考になることでしょう。

●今年の健康運

本年は運勢も良く健康運も良好です。気を付けなくてはいけないのは風邪で、甘く見ると重症な病を引き起こしかねません。また、胃腸関係に注意を払ってください。食事に注意を払い、睡眠を十分にとりましょう。毎日の小さな努力の積み重ねが、晩年になっても衰えない肉体を維持する良い方法です。少しでも違和感を覚えたら早めに診察を受けましょう。

●今年の金銭運

本年は自然と金回りが良くなる星回りです。物事がまとまる方向へ動く時なので、それにつられて金運も良くなります。遠方からの話にも有利な条件の事柄があります。積極的に動かなくても、ラッキーな取り引きから利が生まれます。何よりも信用を守ることが大事です。旅行先で偶然に金運が良くなる事柄に出会うこともあります。

●今年の恋愛運

本年の恋愛運は活発です。職場にも遠方にも縁ある人が動いている感じです。少し親しくなったら声を掛けてみましょう。知り合いから縁談などの話が持ち込まれることもあるでしょう。声を掛けられたら、敬遠するのではなく土俵に上がってみましょう。生涯を共にする相手となるかもしれません。ただし、西北方位からの話はうまくまとまりません。

一月　運勢

一月六日小寒の節より
月命乙丑　六白金星の月
暗剣殺　西北の方位

歯車が噛み合わないもどかしさを感じる月です。年明けの月ですから状況を観察して慎重に歩んでいきましょう。本年の方針を固め、一年間の方向性を確認しておくのが良いです。その上で計画に沿って進展していくのが賢明です。今月の努力は蓄積されていくはずです。将来のための種播きと考えて精進をしましょう。

●一月の方位

今月の吉方位	大吉→東北 中吉→庚、辛
1月の幸運数	2、3、7
幸運色	パープル

●吉日と注意日

1月	2火	3水	4木	5金	6土	7日	8月	9火	10水	11木	12金	13土	14日	15月	16火
◎	○	◎	○	△	▲	○	▲	○	○	○	◎	○	△	▲	○

17水	18木	19金	20土	21日	22月	23火	24水	25木	26金	27土	28日	29月	30火	31水
▲	○	○	○	◎	○	△	▲	○	▲	○	○	○	◎	○

二月　運勢

二月四日立春の節より
月命丙寅　五黄土星の月
暗剣殺　なし

運気は上昇気流に乗る入口に来ています。今一歩忍耐強く前進しましょう。周囲の状況と比べて焦りを感じることはありません。計画進行に迷ったら新規計画を実行するのではなく当初の計画に戻って既定路線通りに進んでいくのが最善策です。実行していくうちに進むべき方向性が明確になっていくはずです。

●二月の方位

今月の吉方位	大吉→南 吉→亥、乾
2月の幸運数	2、8、0
幸運色	レッド

●吉日と注意日

1木	2金	3土	4日	5月	6火	7水	8木	9金	10土	11日	12月	13火	14水	15木	16金
△	▲	○	▲	○	◎	○	◎	○	△	▲	○	▲	○	◎	○

17土	18日	19月	20火	21水	22木	23金	24土	25日	26月	27火	28水	29木
◎	○	△	▲	○	▲	○	◎	○	◎	○	△	▲

三月　運勢

三月五日啓蟄の節より
月命丁卯　四緑木星の月
暗剣殺　東南の方位

気力が充実して、やる気が起きてきます。気を付けなければいけないのは、充実しているとどんどん先に進んでいって当初の計画と違った道に踏み込んでしまうことです。危険を回避するには、自己の目的を明確に意識しながら推進することが大切です。思わぬ災難にも気を付けましょう。

●三月の方位

今月の吉方位	大吉→北 中吉→南 吉→東北
3月の幸運数	1、6、9
幸運色	ライトブルー

●吉日と注意日

1金	2土	3日	4月	5火	6水	7木	8金	9土	10日	11月	12火	13水	14木	15金	16土
○	▲	○	◎	○	○	○	△	▲	○	▲	○	◎	○	○	○

17日	18月	19火	20水	21木	22金	23土	24日	25月	26火	27水	28木	29金	30土	31日
△	▲	○	▲	○	◎	○	○	○	△	▲	○	▲	○	◎

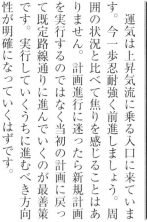

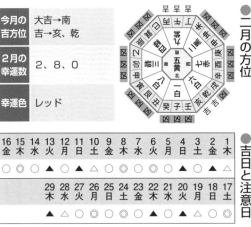

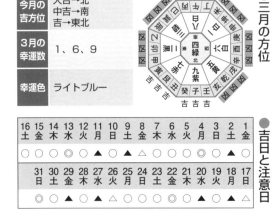

四月　運勢

四月四日清明の節より
月命戊辰　三碧木星の月
暗剣殺　東の方位

吉運月を迎えています。温めていた企画や趣味を始めるのに良い好機です。ただし結果は比較的遅くなって出てきます。短気を起こさず、忍耐強く実践の手をゆるめないことです。

働き方で問題が提起されるかもしれません。上に立つ人は方針を伝えたら、やり方や方法論は各個人に任せましょう。

四月の方位

今月の吉方位	大吉→西南 中吉→北 吉→南、東北
4月の幸運数	5、8、0
幸運色	クリスタルホワイト

吉日と注意日

1月	2火	3水	4木	5金	6土	7日	8月	9火	10水	11木	12金	13土	14日	15月	16火
○	○	○	△	▲	○	▲	○	◎	○	◎	△	△	▲	○	▲

17水	18木	19金	20土	21日	22月	23火	24水	25木	26金	27土	28日	29月	30火
○	◎	○	◎	△	△	▲	○	▲	○	◎	○	◎	△

五月　運勢

五月五日立夏の節より
月命己巳　二黒土星の月
暗剣殺　西南の方位

吉凶が入り混じっている難しい月です。やる気が出た気持ちも揺れ動いています。やる気が出たと思うと数日後には気力がなくなり悩んでしまうという目まぐるしさです。

急進的なことを考えず、今までやってきたことを丁寧に継続するという考え方が功を奏します。軽重を計り時間のロスがないように処理をしていきましょう。

五月の方位

今月の吉方位	吉→北、南
5月の幸運数	3、4、8
幸運色	グリーン

吉日と注意日

1水	2木	3金	4土	5日	6月	7火	8水	9木	10金	11土	12日	13月	14火	15水	16木
△	▲	○	▲	○	◎	○	◎	○	▲	▲	○	▲	○	◎	○

17金	18土	19日	20月	21火	22水	23木	24金	25土	26日	27月	28火	29水	30木	31金
◎	○	▲	▲	○	▲	○	◎	○	◎	○	△	▲	○	▲

六月　運勢

六月五日芒種の節より
月命庚午　一白水星の月
暗剣殺　北の方位

最後の詰めが甘いと、せっかくの労力が水泡に帰してしまいます。結果を手にするまで油断なく過ごしましょう。仕事は好調さを保っています。決断の時を見失わないように緊張感を忘れずに。不慣れなものでもやってみようという冒険心を忘れないことです。運気は悪くないので、積極的に取り組んで悪くない月です。

六月の方位

今月の吉方位	吉→西南
6月の幸運数	3、5、8
幸運色	ホワイト

吉日と注意日

1土	2日	3月	4火	5水	6木	7金	8土	9日	10月	11火	12水	13木	14金	15土	16日
○	◎	○	◎	○	△	▲	○	▲	○	◎	○	◎	○	△	▲

17月	18火	19水	20木	21金	22土	23日	24月	25火	26水	27木	28金	29土	30日
○	▲	○	◎	○	◎	○	△	▲	○	▲	○	○	▲

七月　運勢

七月六日小暑の節より
月命辛未　九紫火星の月
暗剣殺　南の方位

勢いはありますが、勇み足をしないよう慎重に進めましょう。目立った言動は顰蹙を買います。周囲との協調、調和を心掛けていれば安全です。くれぐれも自分本位の言動は慎みましょう。

後半は衰運に向かいます。重要な案件は前半に手掛け、月中までには終了させてしまう計画が理想的です。

●七月の方位

今月の吉方位	中吉→東南 吉→西南
7月の幸運数	5、7、0
幸運色	シルバー

●吉日と注意日

16 火	15 月	14 日	13 土	12 金	11 木	10 水	9 火	8 月	7 日	6 土	5 金	4 木	3 水	2 火	1 月
◎	○	◎	○	△	▲	○	▲	○	◎	○	◎	○	△	▲	○
	31 水	30 火	29 月	28 日	27 土	26 金	25 木	24 水	23 火	22 月	21 日	20 土	19 金	18 木	17 水
	○	△	▲	○	▲	○	◎	○	◎	○	△	▲	○	▲	○

八月　運勢

八月七日立秋の節より
月命壬申　八白土星の月
暗剣殺　東北の方位

衰運気と暗剣殺という大凶殺が重なった油断のならない月です。万事に慎重に取り組みましょう。結論は早めに出すようにし、長引く案件は無理をせず来月に延ばすことも視野に入れた対応が良策です。大事な決定の際は遺漏や間違いがないか念入りに点検しましょう。小事も疎かにしない細心の注意力が求められます。

●八月の方位

今月の吉方位	大吉→亥、乾 吉→東南
8月の幸運数	1、4、9
幸運色	チャコールグレー

●吉日と注意日

16 金	15 木	14 水	13 火	12 月	11 日	10 土	9 金	8 木	7 水	6 火	5 月	4 日	3 土	2 金	1 木
▲	○	▲	○	◎	○	◎	○	△	▲	○	▲	○	◎	○	◎
	31 土	30 金	29 木	28 水	27 火	26 月	25 日	24 土	23 金	22 木	21 水	20 火	19 月	18 日	17 土
	○	◎	○	◎	○	△	▲	○	▲	○	◎	○	◎	○	△

九月　運勢

九月七日白露の節より
月命癸酉　七赤金星の月
暗剣殺　西の方位

気持ちが高揚して意欲的になります。閃きも冴えますが、過度に頼り過ぎるのは凶です。今月の好調は長続きしないので、短期決戦のつもりで力を集中させて仕上げるのがポイントです。決断の時期を早めることも大事な要素となります。

うまく気分転換を図り、仕事を充実させることが一番の特効薬となります。

●九月の方位

今月の吉方位	中吉→亥、乾 吉→東南
9月の幸運数	2、4、9
幸運色	オレンジ

●吉日と注意日

16 月	15 日	14 土	13 金	12 木	11 水	10 火	9 月	8 日	7 土	6 金	5 木	4 水	3 火	2 月	1 日
○	◎	○	△	▲	○	▲	△	◎	○	◎	○	△	▲	○	▲
		30 月	29 日	28 土	27 金	26 木	25 水	24 火	23 月	22 日	21 土	20 金	19 木	18 水	17 火
		▲	○	▲	△	◎	○	◎	○	△	▲	○	▲	△	◎

十月 運勢

十月八日寒露の節より
月命甲戌　六白金星の月
暗剣殺　西北の方位

万事に控え目な言動を心掛けましょう。最弱運の月です。足りないところを鍛える気持ちで研鑽を重ねるのが良いです。

物事には基本があります。基本を身につけて進展させていくと、実力が一層上がります。基本に忠実に実践すると損失やミスを未然に防ぎ、災厄に遭った時にも冷静に対処できます。

●十月の方位

今月の吉方位	大吉→東北
10月の幸運数	5、6、7
幸運色	グレー

●吉日と注意日

1 火	2 水	3 木	4 金	5 土	6 日	7 月	8 火	9 水	10 木	11 金	12 土	13 日	14 月	15 火	16 水
△	○	◎	○	◎	△	▲	○	▲	△	○	◎	○	○	○	▲

17 木	18 金	19 土	20 日	21 月	22 火	23 水	24 木	25 金	26 土	27 日	28 月	29 火	30 水	31 木
○	▲	△	○	◎	○	○	○	▲	○	▲	△	○	◎	○

十一月 運勢

十一月七日立冬の節より
月命乙亥　五黄土星の月
暗剣殺　なし

先月の暗鬱な空気を脱して陽光が見える月になりました。本調子ではないまでも希望の持てる時です。責務を誠実に履行することで運勢が開けていきます。きたる好運気への布石として全力を尽くしましょう。新たな目論見があれば小出しにして実践するのも良いです。一度に大きく打って出ることは避けましょう。

●十一月の方位

今月の吉方位	大吉→南 吉→亥、乾
11月の幸運数	2、3、7
幸運色	ダークパープル

●吉日と注意日

1 金	2 土	3 日	4 月	5 火	6 水	7 木	8 金	9 土	10 日	11 月	12 火	13 水	14 木	15 金	16 土
○	○	▲	○	▲	△	○	◎	○	◎	○	▲	○	▲	△	○

17 日	18 月	19 火	20 水	21 木	22 金	23 土	24 日	25 月	26 火	27 水	28 木	29 金	30 土
◎	○	◎	○	▲	○	▲	△	○	◎	○	◎	○	▲

十二月 運勢

十二月七日大雪の節より
月命丙子　四緑木星の月
暗剣殺　東南の方位

運気は活況を呈します。しかし、この月は新しいことを決行するのは避けてください。流れに沿った静かな活動が良策です。急激な活動はしないほうが良いです。障害や災害はいつ起きるかわかりません。遭遇しても平常心で冷静に対応することを心掛けてください。

規則正しい生活をしましょう。

●十二月の方位

今月の吉方位	大吉→北 中吉→丙、丁 吉→東北
12月の幸運数	1、6、7
幸運色	マリンブルー

●吉日と注意日

1 日	2 月	3 火	4 水	5 木	6 金	7 土	8 日	9 月	10 火	11 水	12 木	13 金	14 土	15 日	16 月
○	▲	△	○	◎	○	◎	○	▲	○	▲	△	○	◎	○	◎

17 火	18 水	19 木	20 金	21 土	22 日	23 月	24 火	25 水	26 木	27 金	28 土	29 日	30 月	31 火
○	▲	○	▲	△	○	◎	○	◎	◎	○	◎	○	△	▲

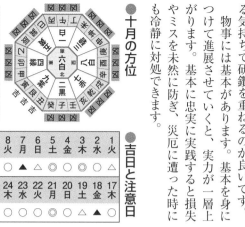

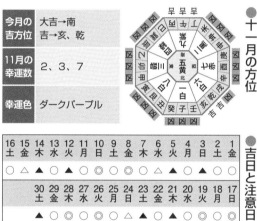

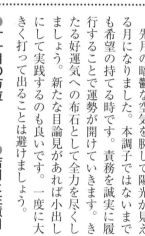

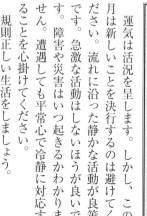

三碧木星《さんぺきもくせい》

結実期

方位吉凶図

吉方

本年は相生する九紫火星が回座する西南方位、四緑木星が回座する西北方位のうち、乾の方位と亥の方位が吉方となります。月別の吉方は毎月の運勢欄をご覧ください。

凶方

本年は五黄土星が回座する西方位が五黄殺、一白水星が回座する東方位が暗剣殺の大凶方位となります。三碧木星は中央に回座するので本命殺、本命的殺の大凶方位はありません。本年の十二支である辰の反対側、戌の方位が歳破で大凶方位です。月別の凶方は毎月の運勢欄をご覧ください。

今年の運勢の変化と指針

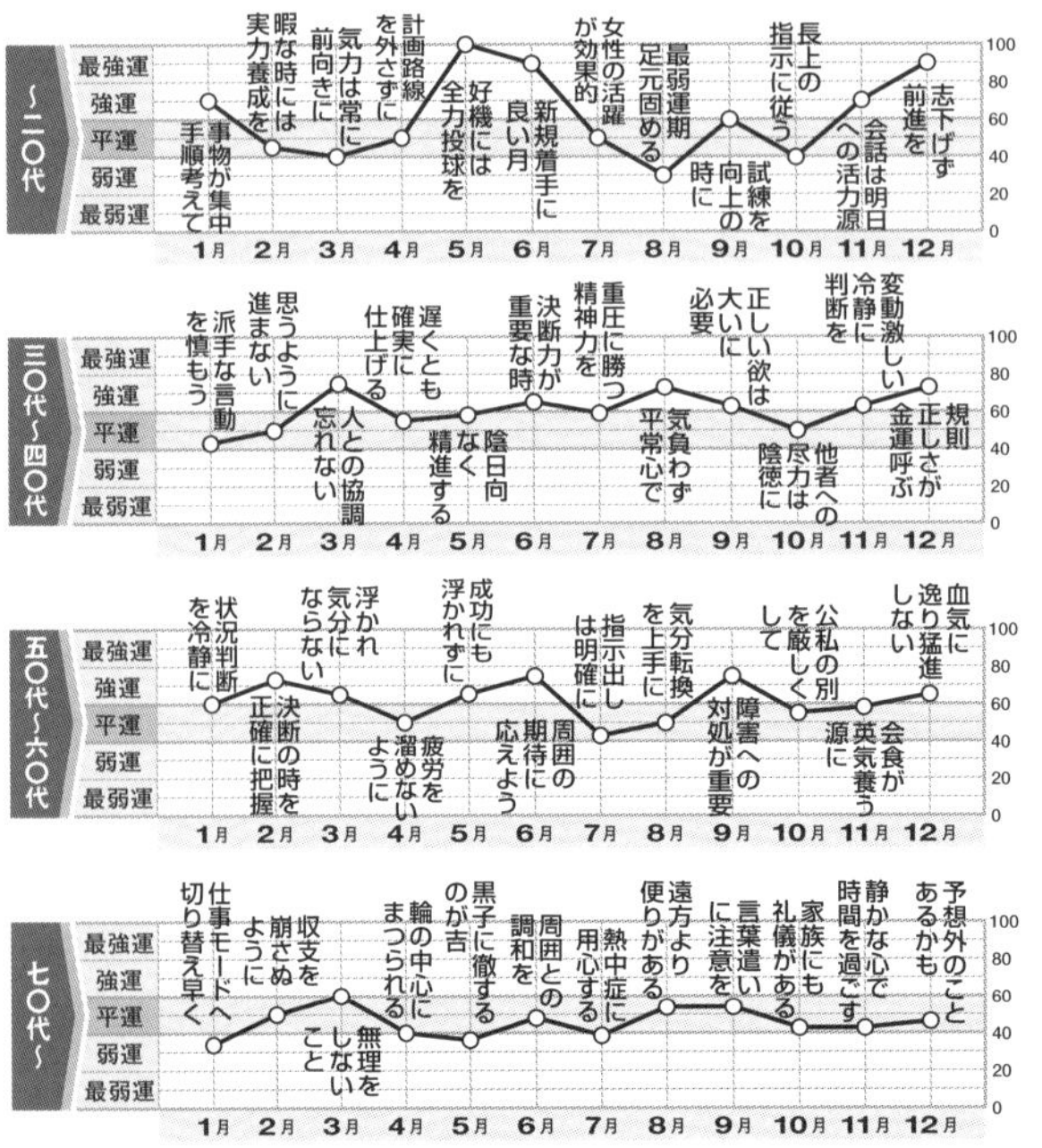

●本年あなたの本命星は中宮《ちゅうぐう》に回座しています。結実期といって、実った果実が増々美味しくなる時期です。このような年は、気持ちが大きくなって大きな事をやってみたいという気持ちを抱いたりします。何事にも積極的に行動するあなたのことですから、仕事も趣味も気持ちを誘惑するような状況がピタリとマッチする星回りです。人間関係にも表れてきます。少し年上の人や年下の人の言動に注意してください。何の疑いも持たずに頭から信用してしまいがちですが一歩下がって冷静に判断をしましょう。あまり人を疑うことをしないあなたですが、そこに付け込んで利用される危険性が潜んでいます。被同会している一白水星に暗剣殺という悪い星が付いているのです。油断すると、なぜこの人が私を騙すのという事態を招きかねません。健康にも気配りを忘れないようにしましょう。特にお腹周り、内臓器官と下半身の疾患があなたを狙っています。

適職

音楽家、司会者、楽器商、ミュージシャン、タレント、落語家、情報通信産業、マスコミ情報関係、外科医、家庭園芸関係、銃砲店、青果商、エアロビクス・インストラクター等

年齢別１年間の運勢指針

当歳（令和６年　甲辰）
この星生まれの人は、たっぷり愛情を注いで育てると大きく伸びる可能性を秘めています。

9歳（平成27年　乙未）
大人の世界を冷静に観察する気持ちが芽生えます。体調の変化に気を配りましょう。

18歳（平成18年　丙戌）
個性がはっきりし、好き嫌いを言動に表すようになります。上辺だけの現象で反抗することがあるでしょう。

27歳（平成９年　丁丑）
人生の空洞に入ったような空虚感を感じる歳かもしれません。社会に役立っている自覚を持ちましょう。

36歳（昭和63年　戊辰）
軽重を見定めて、早めの仕上がりが必要とされることから順番に処理というルールを決めると楽です。

45歳（昭和54年　己未）
状況により志が揺らぐことのないようにすることが大事です。人生の大きな転換期になるかもしれません。

54歳（昭和45年　庚戌）
家庭も仕事も両立させることを忘れずに。仕事オンリーでは退職後の人生を構築することが難しくなります。

63歳（昭和36年　辛丑）
定年後の人生もまだ続きます。今のうちにその後の人生の布石を打っておくのが良いでしょう。

72歳（昭和27年　壬辰）
周囲の雑音に惑わされることなく自己の人生を歩いていきましょう。見栄を張らずに進んで。

81歳（昭和18年　癸未）
限られた時間のキャリアは変えられません。これからの時間を楽しむことを考えて生きていきましょう。

90歳（昭和９年　甲戌）
大概のことは後進に任せる度量を備え、頑固な自説へのこだわりは捨てましょう。

99歳（大正14年　乙丑）
無理せず日々を楽しんで過ごすことを考えれば良いでしょう。

今年の健康運

本年は雑多な用事が多く、変化の激しい年です。脳が疲れると体力が落ちて免疫力が低下するので注意が必要です。軽い風邪と思っても油断しないで早めに治療しましょう。また、休息を十分にとり、体力を温存するように心掛けましょう。持病が再発しやすい年でもあります。持病の性質をよく理解し、身体に障るようなことは避けるように注意をしましょう。

今年の金銭運

吉凶が大きく分かれる年です。吉作用の場合は金運が上昇します。一か所から大きく入るのではなく、数か所から少しずつ入ってくる金運です。思いがけずお金が入ってきて収入が増えます。しかし逆の場合は凶作用となって支出が増えます。また、古くからの知人から金銭的な損害を被ります。株などへの投資は、今年は控え目にするのが良いです。

今年の恋愛運

今年の恋愛は一進一退を繰り返します。初めはうまくいっていたのに途中から気まずくなったり、逆に初めはぎこちなかった二人が急に仲良く打ち解けたりします。状況に一喜一憂せず、動じない自分の信念を持ちましょう。それはわがままを通そうとするのとは違います。相手を尊重しつつ自分の意志表示をきちんとすることです。

一月 運勢

一月六日小寒の節より
月命乙丑　六白金星の月
暗剣殺　西北の方位

ゆるやかな上昇機運のある月です。昨年度作っておいた計画を見直し、確実にできそうなものに修正しましょう。小さな成功体験を積み重ねていくうちに大きな目標が実現可能に近づきます。実践重視の活動を続けましょう。一時的な成功に気を抜くことなく、さらなる高みへの階段を上がる心の準備をしましょう。

●一月の方位

今月の吉方位	大吉→南 中吉→東
1月の幸運数	1、6、7
幸運色	ホワイト

●吉日と注意日

1	2	3	4	5	6	7	8	9	10	11	12	13	14	15	16
月	火	水	木	金	土	日	月	火	水	木	金	土	日	月	火
△	◎	○	○	○	△	▲	○	△	○	○	○	○	○	△	▲

17	18	19	20	21	22	23	24	25	26	27	28	29	30	31
水	木	金	土	日	月	火	水	木	金	土	日	月	火	水
○	△	○	◎	○	○	○	△	▲	○	△	○	○	○	○

二月 運勢

二月四日立春の節より
月命丙寅　五黄土星の月
暗剣殺　なし

障害が多く発生するかもしれないということを肝に銘じて研鑽をしましょう。よそからの障害は避けようがありません。予測して心の準備をしているのと、油断している時に突然襲いかかってきた時では、対処に差が出ます。予測していれば対応が早くなり、損失も小さく抑えることができます。

●二月の方位

今月の吉方位	大吉→北 中吉→東南 吉→南
2月の幸運数	4、5、7
幸運色	ライトブルー

●吉日と注意日

1	2	3	4	5	6	7	8	9	10	11	12	13	14	15	16
木	金	土	日	月	火	水	木	金	土	日	月	火	水	木	金
○	△	▲	○	△	○	◎	○	○	○	△	▲	○	△	○	◎

17	18	19	20	21	22	23	24	25	26	27	28	29
土	日	月	火	水	木	金	土	日	月	火	水	木
○	○	○	△	▲	○	△	○	◎	○	○	○	△

三月 運勢

三月五日啓蟄の節より
月命丁卯　四緑木星の月
暗剣殺　東南の方位

引き続き警戒心を強く持つことを求められる月です。ただし運気は良好なので、計画や活動を止めることはありません。慎重に推進することを心掛けましょう。結果を出すまでは点検を確実にしましょう。論理的思考を重視して私情を挟まないことも大事です。相手を誹謗中傷するようなことは絶対にしてはいけません。

●三月の方位

今月の吉方位	大吉→西南 吉→北
3月の幸運数	5、8、0
幸運色	ブラック

●吉日と注意日

1	2	3	4	5	6	7	8	9	10	11	12	13	14	15	16
金	土	日	月	火	水	木	金	土	日	月	火	水	木	金	土
▲	○	△	○	◎	○	○	○	△	▲	○	△	○	◎	○	○

17	18	19	20	21	22	23	24	25	26	27	28	29	30	31
日	月	火	水	木	金	土	日	月	火	水	木	金	土	日
○	△	▲	○	△	○	◎	○	○	○	△	▲	○	△	○

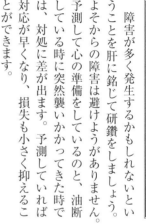

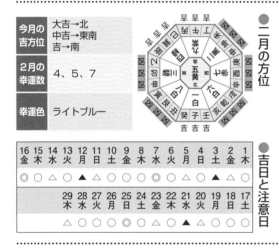

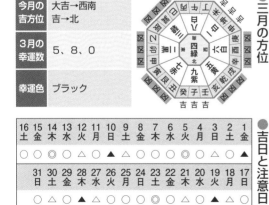

四月 運勢

四月四日清明の節より
月命戊辰 三碧木星の月
暗剣殺 東の方位

今月は物事を善意に捉えて調和を心掛けるようにしましょう。調和を心掛けると周囲から良いものや良い人たちが集まってきます。人の幸せは他人からもたらされるものです。幸せを求めて自らもがいても幸せはやってきません。

依頼事や大役は喜んで引き受けましょう。善意の意識に組み込まれます。

●四月の方位

今月の吉方位	中吉→亥、乾 吉→西南
4月の幸運数	3、4、8
幸運色	レッド

●吉日と注意日

1	月	◎
2	火	○
3	水	○
4	木	△
5	金	△
6	土	▲
7	日	○
8	月	△
9	火	○
10	水	◎
11	木	○
12	金	○
13	土	△
14	日	△
15	月	▲
16	火	○
17	水	△
18	木	○
19	金	◎
20	土	○
21	日	○
22	月	△
23	火	△
24	水	▲
25	木	○
26	金	△
27	土	○
28	日	◎
29	月	○
30	火	○

五月 運勢

五月五日立夏の節より
月命己巳 二黒土星の月
暗剣殺 西南の方位

仕事に関しては絶好調といって良いでしょう。自信を持って事案を推進するのが最善策です。雑念を払い仕事に邁進するべきです。成果は目に見えて大きく出てきます。周囲の理解も得られるので、謙虚な姿勢で協力を求めるのも有効です。絶好調の時こそ自制心を働かせて、周囲への気配りを忘れないようにしましょう。

●五月の方位

今月の吉方位	なし
5月の幸運数	3、5、8
幸運色	ブルー

●吉日と注意日

1	水	△
2	木	△
3	金	▲
4	土	○
5	日	△
6	月	○
7	火	◎
8	水	○
9	木	○
10	金	○
11	土	△
12	日	▲
13	月	○
14	火	△
15	水	○
16	木	◎
17	金	○
18	土	○
19	日	○
20	月	△
21	火	▲
22	水	○
23	木	△
24	金	○
25	土	◎
26	日	○
27	月	○
28	火	○
29	水	△
30	木	▲
31	金	○

六月 運勢

六月五日芒種の節より
月命庚午 一白水星の月
暗剣殺 北の方位

盛運月ですが注意する点があります。運気が強過ぎて勇み足をしてしまうことです。過程を丁寧に検証しながら推進させましょう。金銭的には恵まれる月です。必要な分が入ってくるという好運月なのですが、油断をしていると使い過ぎてしまいます。自制心を働かせ、バランスのとれた日常を過ごしましょう。

●六月の方位

今月の吉方位	中吉→東北 吉→東南
6月の幸運数	2、8、0
幸運色	ゴールド

●吉日と注意日

1	土	△
2	日	○
3	月	◎
4	火	○
5	水	○
6	木	○
7	金	△
8	土	▲
9	日	○
10	月	△
11	火	○
12	水	◎
13	木	○
14	金	○
15	土	○
16	日	△
17	月	▲
18	火	○
19	水	△
20	木	○
21	金	◎
22	土	○
23	日	○
24	月	○
25	火	△
26	水	▲
27	木	○
28	金	△
29	土	△
30	日	○

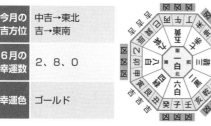

七月　運勢

七月六日小暑の節より
月命辛未　九紫火星の月
暗剣殺　南の方位

古い習慣を打ち破り、新しい方向性を打出したい気持ちになる月です。実行する時は綿密に計画を練りましょう。今月は衰運気に向かう入口に立っているような運気の最中にいます。軽い気持ちで路線変更して新機軸の実行や転職をすると失敗を招きます。確固たる信念を持って不退転の気持ちで取り掛かりましょう。

七月の方位

今月の吉方位	大吉→亥、乾
7月の幸運数	1、4、9
幸運色	シルバーグレー

吉日と注意日

16火	15月	14日	13土	12金	11木	10水	9火	8月	7日	6土	5金	4木	3水	2火	1月
○	◎	○	○	○	△	▲	○	△	○	◎	○	○	○	△	▲
	31水	30火	29月	28日	27土	26金	25木	24水	23火	22月	21日	20土	19金	18木	17水
	○	○	△	▲	○	△	○	◎	○	○	○	△	▲	○	△

八月　運勢

八月七日立秋の節より
月命壬申　八白土星の月
暗剣殺　東北の方位

明るい雰囲気なので好運月と間違えます。遊興の星の真っただ中に入った状態です。仕事より遊びのほうへ関心が向き、仕事への意欲が薄れがちになります。気持ちの切り替えが重要になってきます。気力が萎えてやる気が起きない状態の時には、自分には何が足りないのだろうかと考えを巡らせると良いでしょう。

八月の方位

今月の吉方位	吉→亥、乾
8月の幸運数	2、4、9
幸運色	ワインレッド

吉日と注意日

16金	15木	14水	13火	12月	11日	10土	9金	8木	7水	6火	5月	4日	3土	2金	1木
△	▲	○	△	○	◎	○	○	○	△	▲	○	△	○	◎	○
	31土	30金	29木	28水	27火	26月	25日	24土	23金	22木	21水	20火	19月	18日	17土
	△	○	◎	○	○	○	△	▲	○	△	○	◎	○	○	○

九月　運勢

九月七日白露の節より
月命癸酉　七赤金星の月
暗剣殺　西の方位

あらゆる面で遅滞して、前に進むことができません。仕事では結論を急がず確実な結果を出す意識で進展させるのが良策です。忍耐強く継続していくのが良いです。欲の深追いは、せっかくの成果を無駄にしてしまいます。

人間関係でトラブルが発生します。自己主張の強い人にも穏便に接しましょう。

九月の方位

今月の吉方位	大吉→東北 中吉→西南
9月の幸運数	5、7、0
幸運色	イエロー

吉日と注意日

16月	15日	14土	13金	12木	11水	10火	9月	8日	7土	6金	5木	4水	3火	2月	1日
◎	○	○	○	△	▲	○	△	△	◎	○	○	○	△	▲	○
		30月	29日	28土	27金	26木	25水	24火	23月	22日	21土	20金	19木	18水	17火
		△	▲	○	△	○	◎	○	○	○	△	▲	○	△	△

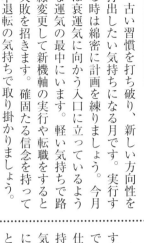

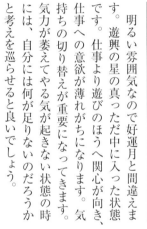

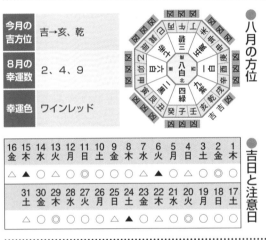

十月運勢

十月八日寒露の節より
月命甲戌　六白金星の月
暗剣殺　西北の方位

物事がスムーズに流れるように動きます。真面目に取り組めば成果はそれなりに期待できます。見栄を張らずにありのままの自分を出し、初心を貫く決意で仕事に向き合いましょう。他人の期待に応えようと努力するのも人が発展していく要素の一つです。力の出し惜しみをすることなく期待に応えましょう。

十月の方位

今月の吉方位	大吉→南
10月の幸運数	2、3、7
幸運色	パープル

吉日と注意日

1火	2水	3木	4金	5土	6日	7月	8火	9水	10木	11金	12土	13日	14月	15火	16水
○	○	○	◎	○	△	○	▲	△	○	○	○	○	○	△	○

17木	18金	19土	20日	21月	22火	23水	24木	25金	26土	27日	28月	29火	30水	31木
▲	△	○	○	○	○	○	△	○	▲	△	○	○	○	○

十一月運勢

十一月七日立冬の節より
月命乙亥　五黄土星の月
暗剣殺　なし

無計画な行動は避けるようにしましょう。計画に少しでも不安材料があったら即撤退し、他の案に切り替えるのが得策です。順調に進んでいるかのように見える事柄でも油断なく用心して前進しましょう。人の好意は素直に受けて恩義にはいつか報いる気持ちを大切にしましょう。約束はきちんと守ることが大事です。

十一月の方位

今月の吉方位	大吉→北 中吉→辰、巽 吉→南
11月の幸運数	1、3、9
幸運色	ブラック

吉日と注意日

1金	2土	3日	4月	5火	6水	7木	8金	9土	10日	11月	12火	13水	14木	15金	16土
○	△	○	▲	△	○	○	○	◎	○	△	○	▲	△	○	○

17日	18月	19火	20水	21木	22金	23土	24日	25月	26火	27水	28木	29金	30土
○	◎	○	△	○	▲	△	○	○	○	◎	○	△	○

十二月運勢

十二月七日大雪の節より
月命丙子　四緑木星の月
暗剣殺　東南の方位

家庭内の平穏を保つ努力を忘れないようにしましょう。仕事と家庭の両立を心掛けて日常を過ごすように配慮してください。今月は冒険をせず安全第一を目指しましょう。間口を狭め守備範囲を小さくしていくのがコツです。

突発事項にも冷静に対応し、路線通りに進めていくと良いです。

十二月の方位

今月の吉方位	大吉→西南 吉→北
12月の幸運数	5、8、0
幸運色	クリスタルホワイト

吉日と注意日

1日	2月	3火	4水	5木	6金	7土	8日	9月	10火	11水	12木	13金	14土	15日	16月
▲	△	○	○	○	◎	○	△	○	▲	△	○	○	○	◎	○

17火	18水	19木	20金	21土	22日	23月	24火	25水	26木	27金	28土	29日	30月	31火
△	○	▲	△	○	○	○	◎	○	○	◎	○	○	○	△

今年の運勢の変化と指針

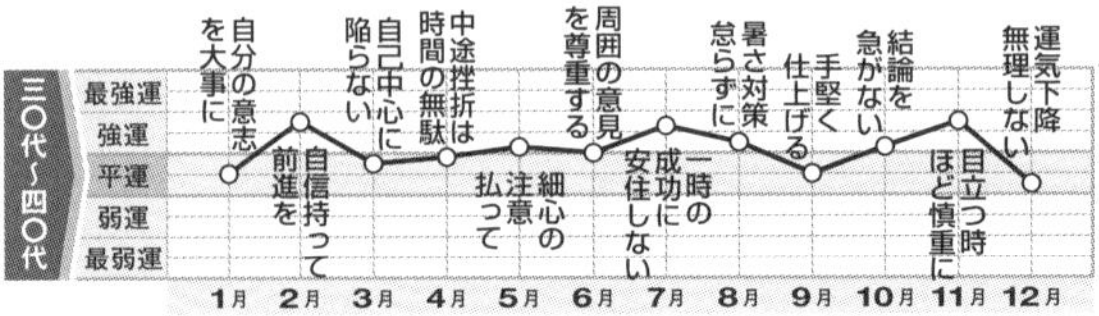

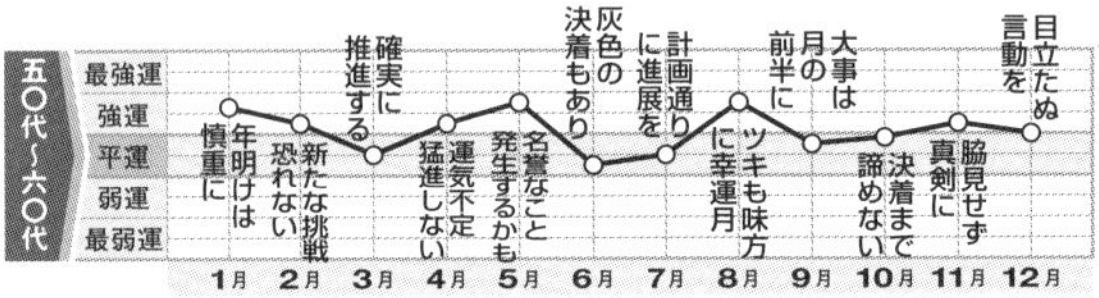

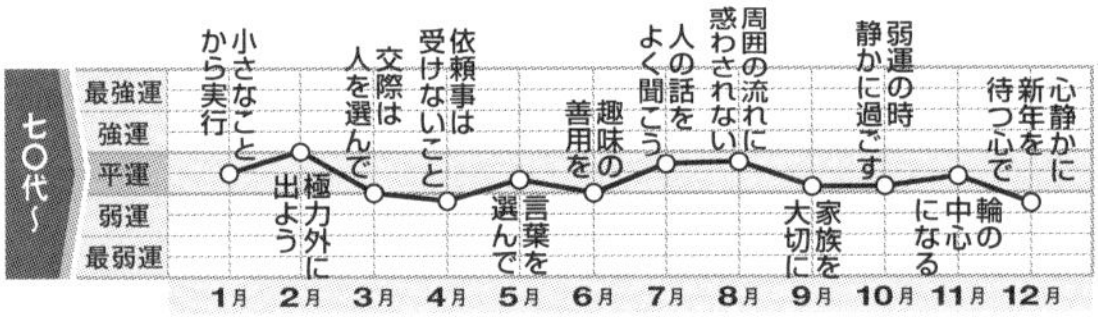

●本年のあなたは乾宮《けんきゅう》に回座しています。熟成期といって、果実なら熟成され物事なら成熟する絶好期になります。ビジネスに関わる人なら仕事で忙しくなります。学生ならば勉強に精を出す時です。タフな一年になるということです。ただ、風の精を有するあなたは大変さを大変とは思わずやりすごしていくことでしょう。重大な任務を負わされることもあります。黙々とこなしていくあなたの姿は必ず上司に認められて十分に評価されるでしょう。反面では、頼まれると断り切れずにあれもこれもと引き受けて中途半端にならないように、自分のキャパシティーを考えた分量を受けましょう。

●本年は遊ぶ時間が取りにくくなります。仕事優先の年と割り切りましょう。そのほうがうまくいきます。家族にもその旨を前もって伝えておくと、より仕事に専念できるでしょう。

●休息も取り入れ、健康に留意をしましょう。

適職　木材販売業、運送業、通信業務、観光旅行業、輸出入業者、マスコミ・マスメディア業、民芸加工業、サービス業、飲食業、アパレル産業、フリーター、スタイリスト等

四緑木星《しろくもくせい》

○ 熟成期

方位吉凶図

吉方

本年は相生する九紫火星が回座する西南方位が吉方となります。月別の吉方は毎月の運勢欄をご覧ください。

凶方

本年は五黄土星が回座する西方位が五黄殺、反対の一白水星が回座する東方位が暗剣殺の大凶殺方位になります。四緑木星が回座する西北方位が本命殺、二黒土星が回座する東南方位が本命的殺の大凶方位となります。本年の十二支である辰の反対側戌の方位が歳破で大凶方位です。月別の凶方は毎月の運勢欄をご覧ください。

年齢別１年間の運勢指針

年齢	運勢
1歳（令和5年 癸卯）	日ごとに活発になり、生の逞しさを感じることでしょう。経験者や同じ状況にある人に聞いてみましょう。
10歳（平成26年 甲午）	スマホやゲームに時間を取られ過ぎると、コミュニケーション不足で将来の対人関係に支障をきたします。
19歳（平成17年 乙酉）	自立の道を模索している人もいることでしょう。自分の人生を前向きに考えて進みましょう。
28歳（平成8年 丙子）	運気は好調の時です。仕事面でも重要な任務を与えられることがあります。果敢に挑戦しましょう。
37歳（昭和62年 丁卯）	自力でどうしても乗り切れない時は、遠慮なく上司や経験者に相談をしましょう。
46歳（昭和53年 戊午）	慣れてくると惰性で進めてしまいがちです。失敗はそんな心のスキを突いてやってくるものです。
55歳（昭和44年 己酉）	考え過ぎて決断が鈍った時に障害が。適度なところで即実行に移したほうが成功率は高くなります。
64歳（昭和35年 庚子）	一区切りけじめをつける一方で、この先の人生をどのように生きていくかを考えておくことは大切です。
73歳（昭和26年 辛卯）	心のスキを突いたように甘い儲け話が持ち込まれるかもしれません。うまい話ほど危険なものはありません。
82歳（昭和17年 壬午）	小さなことでも挑戦し成功すると、精神肉体共に衰えを遅らせることができるでしょう。
91歳（昭和8年 癸酉）	ゆっくり人生を楽しみながら歩いていきましょう。楽しみはいたるところで見つけることができるはずです。
100歳（大正13年 甲子）	それぞれの時代を経験したことは素晴らしいことです。次世代に話を聞かせてあげましょう。

●今年の健康運

本年の健康運は良好です。仕事が忙しい年なので、適度の休養や気分転換を上手に取り入れてください。

具体的には頭痛、首の凝りや痛み、発熱などが感じられたら黄色信号が点ったと思ってください。無理せず早めの休養や受診をしましょう。

常日頃から体力増強に心掛け、健康維持に努めましょう。

●今年の金銭運

本年は仕事を通じての金運が良好です。事業好調による収益の増加や職場での栄転による収入増加などがあります。

目上の人や誰かの助けも得られる幸運な金運です。重要な出来事に携わり、金品の授与などを受けられるかもしれません。反対に、人のために奮闘することが金運をアップさせる原動力ともなります。

●今年の恋愛運

恋愛の相手が職場にいるかもしれない幸運に巡り合うチャンスがあります。普段気づかなかった異性が急にあなたの目の前に恋の対象となって出現するかもしれません。それと感じるところがあったら、運命の人だと思ってアタックしてみましょう。生涯の伴侶になることでしょう。本年は、普段は縁のない少し豪華できらびやかな場所で恋が生まれます。

一月　運勢

一月六日小寒の節より
月命乙丑　六白金星の月
暗剣殺　西北の方位

手堅いやり方が功を奏す月。昨年まで研鑽を続けてきた業績が形として現れる好運な月です。状況を認識しつつ地固めを堅固にすることも考えましょう。上辺で判断せず本質を見極める眼識も必要です。それには緊張感を持って責務を推進することです。内容の充実ぶりで勝負する信念がものをいいます。

●一月の方位

今月の吉方位	大吉→南 中吉→申、坤 吉→東北
1月の幸運数	5、8、0
幸運色	クリスタルホワイト

●吉日と注意日

1 月	2 火	3 水	4 木	5 金	6 土	7 日	8 月	9 火	10 水	11 木	12 金	13 土	14 日	15 月	16 火
△	△	◎	○	◎	○	△	▲	△	△	○	○	○	◎	○	△
17 水	18 木	19 金	20 土	21 日	22 月	23 火	24 水	25 木	26 金	27 土	28 日	29 月	30 火	31 水	
▲	△	△	○	○	○	◎	○	△	▲	△	△	○	○	○	

二月　運勢

二月四日立春の節より
月命丙寅　五黄土星の月
暗剣殺　なし

今月は、一人よりも多くの人の力を結集させたほうが大きく成果を挙げることができます。実行に際しては持ち分を誠実に丁寧に仕上げていくのが上策です。対人関係では相手に一歩譲る精神が大事です。人の協力が大事な月なのです。特に年配の女性のアドバイスや協力が大きな力になります。

●二月の方位

今月の吉方位	大吉→北 吉→南
2月の幸運数	4、5、6
幸運色	ブラック

●吉日と注意日

1 木	2 金	3 土	4 日	5 月	6 火	7 水	8 木	9 金	10 土	11 日	12 月	13 火	14 水	15 木	16 金
◎	○	△	▲	△	△	○	◎	○	◎	○	△	▲	△	△	○
17 土	18 日	19 月	20 火	21 水	22 木	23 金	24 土	25 日	26 月	27 火	28 水	29 木			
◎	○	◎	○	△	▲	△	△	○	◎	○	◎	○			

三月　運勢

三月五日啓蟄の節より
月命丁卯　四緑木星の月
暗剣殺　東南の方位

万事慎重に事を運びましょう。早とちりして失敗などを招かないように用心してください。判断に迷いが生じたら、一つずつ丁寧に分析していくと、良否が見えてきます。新規の事柄は始めないほうが無難です。発展性が少ない時です。継続的に手掛けてきた事案を推進していくのが最善策です。

●三月の方位

今月の吉方位	大吉→西南 吉→北
3月の幸運数	3、4、8
幸運色	グリーン

●吉日と注意日

1 金	2 土	3 日	4 月	5 火	6 水	7 木	8 金	9 土	10 日	11 月	12 火	13 水	14 木	15 金	16 土
△	▲	△	△	○	◎	○	○	○	△	▲	△	△	○	◎	○
17 日	18 月	19 火	20 水	21 木	22 金	23 土	24 日	25 月	26 火	27 水	28 木	29 金	30 土	31 日	
○	○	△	▲	△	△	○	◎	○	○	○	△	▲	△	△	

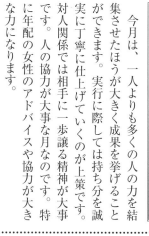

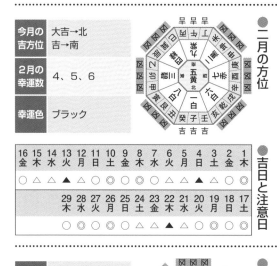

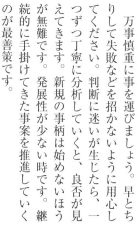

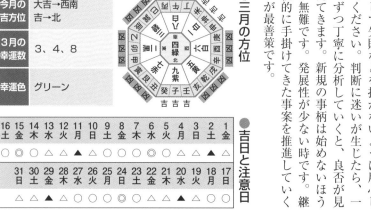

四月　運勢

四月四日清明の節より
月命戊辰　三碧木星の月
暗剣殺　東の方位

仕事の実力を十分に発揮することができる月です。新規の計画実行にも最適の月です。自信を持って実践に移してみましょう。期待した以上の成果が見込まれる月です。好調な月なのですが、タイミングが難しい月です。決断力が鈍らぬように日頃から訓練しておきましょう。対人関係では優しさを忘れずに。

●四月の方位

今月の吉方位	吉→西南
4月の幸運数	3、5、8
幸運色	ホワイト

●吉日と注意日

1月	2火	3水	4木	5金	6土	7日	8月	9火	10水	11木	12金	13土	14日	15月	16火
○	◎	○	◎	△	△	▲	△	△	○	◎	○	◎	△	△	▲

17水	18木	19金	20土	21日	22月	23火	24水	25木	26金	27土	28日	29月	30火
△	△	○	◎	○	◎	△	△	▲	△	△	○	◎	○

五月　運勢

五月五日立夏の節より
月命己巳　二黒土星の月
暗剣殺　西南の方位

前月の好調さを持続しています。さらに今月は大きな野望を抱くようになります。計画は実行しても良いですが、第三者の意見を聞いてみましょう。自分が見落としているところがないかをチェックしてもらうと良いです。

病気や災厄などに見舞われた場合でも冷静に対処しましょう。

●五月の方位

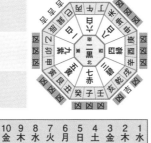

今月の吉方位	大吉→東南 中吉→乾
5月の幸運数	5、6、7
幸運色	ゴールド

●吉日と注意日

1水	2木	3金	4土	5日	6月	7火	8水	9木	10金	11土	12日	13月	14火	15水	16木
◎	△	△	▲	△	△	○	◎	○	◎	○	△	▲	△	△	○

17金	18土	19日	20月	21火	22水	23木	24金	25土	26日	27月	28火	29水	30木	31金
◎	○	◎	○	△	▲	△	△	○	◎	○	◎	○	▲	▲

六月　運勢

六月五日芒種の節より
月命庚午　一白水星の月
暗剣殺　北の方位

進展が少し停滞します。焦らず時流に沿って着実に歩を進めていきましょう。志を下げることなく高みを目指すのが理想です。遅くても前に進めるのだという信念があれば道は開けます。軽はずみな行動や強引な手法をとると失敗します。あくまでも計画路線上を確実に歩いていくのが吉策となります。

●六月の方位

今月の吉方位	吉→東南
6月の幸運数	1、4、9
幸運色	チャコールグレー

●吉日と注意日

1土	2日	3月	4火	5水	6木	7金	8土	9日	10月	11火	12水	13木	14金	15土	16日
△	△	○	◎	○	◎	○	△	▲	△	△	○	◎	○	◎	○

17月	18火	19水	20木	21金	22土	23日	24月	25火	26水	27木	28金	29土	30日
△	▲	△	△	○	◎	○	◎	○	△	▲	△	△	▲

七月 運勢

七月六日小暑の節より
月命辛未　九紫火星の月
暗剣殺　南の方位

物事を慎重に進めていても、突然の災難は避け切れません。災難はいつ起こるかわからないと常に肝に銘じて物事を推進していけば、遭遇しても冷静に対応できるものです。

障害に遭っても気力を失わない精神力を持ちましょう。また、余計な一言を発しないように注意をしましょう。

七月の方位

今月の吉方位	大吉→亥、乾 中吉→寅、艮
7月の幸運数	2、4、9
幸運色	ブルー

吉日と注意日

16	15	14	13	12	11	10	9	8	7	6	5	4	3	2	1
火	月	日	土	金	木	水	火	月	日	土	金	木	水	火	月
△	○	◎	○	◎	○	△	▲	△	△	○	◎	○	◎	○	△
	31	30	29	28	27	26	25	24	23	22	21	20	19	18	17
	水	火	月	日	土	金	木	水	火	月	日	土	金	木	水
	○	◎	○	△	▲	△	△	○	◎	○	◎	○	△	▲	△

八月 運勢

八月七日立秋の節より
月命壬申　八白土星の月
暗剣殺　東北の方位

低迷期に入った月です。新たなことを手掛けるより現在手持ちの事柄を継続進展させるのが良策です。他人のことで神経を使う場面が多く出てきます。雑音に惑わされずに自分の成し遂げたい事柄に集中して力を注ぐのが賢明です。この時期に蓄えた知識や経験値が次のステップへ進む原動力になるはずです。

八月の方位

今月の吉方位	吉→亥、乾
8月の幸運数	5、7、0
幸運色	グレー

吉日と注意日

16	15	14	13	12	11	10	9	8	7	6	5	4	3	2	1
金	木	水	火	月	日	土	金	木	水	火	月	日	土	金	木
○	△	▲	△	▲	○	◎	○	◎	○	△	▲	△	△	○	◎
	31	30	29	28	27	26	25	24	23	22	21	20	19	18	17
	土	金	木	水	火	月	日	土	金	木	水	火	月	日	土
	△	△	○	◎	○	◎	○	△	▲	△	▲	○	◎	○	◎

九月 運勢

九月七日白露の節より
月命癸酉　七赤金星の月
暗剣殺　西の方位

今月は喜怒哀楽の感情が激しくなります。感情を抑制して穏やかな気持ちで過ごす習慣を養いましょう。また、自己の能力を最大限に発揮することができる時です。良好なアイディアが閃くことがあります。実行に移せるように創意工夫してみましょう。仕事を楽しんで遂行するという気楽な考え方が功を奏します。

九月の方位

今月の吉方位	中吉→北
9月の幸運数	2、3、7
幸運色	レッド

吉日と注意日

16	15	14	13	12	11	10	9	8	7	6	5	4	3	2	1
月	日	土	金	木	水	火	月	日	土	金	木	水	火	月	日
△	◎	○	◎	○	△	▲	△	△	△	◎	○	◎	○	△	▲
		30	29	28	27	26	25	24	23	22	21	20	19	18	17
		月	日	土	金	木	水	火	月	日	土	金	木	水	火
		○	△	▲	△	△	△	◎	○	◎	○	△	▲	△	△

十月 運勢

十月八日寒露の節より
月命甲戌　六白金星の月
暗剣殺　西北の方位

先月の努力目標が身近なものに感じられるでしょう。雑な進め方をせず、細かいところまで注意する方法で推進しましょう。秘密裏に決定するという方法は絶対にしてはいけないことです。秘密や隠し事は必ず露見します。公明正大に進めることが一番コストが安く成功しやすいというのが原理原則です。

●十月の方位

今月の吉方位	大吉→南 中吉→西南 吉→東北
10月の幸運数	1、3、7
幸運色	コバルトブルー

●吉日と注意日

1火	2水	3木	4金	5土	6日	7月	8火	9水	10木	11金	12土	13日	14月	15火	16水
◎	○	◎	△	△	△	▲	△	○	◎	○	○	○	△	△	▲

17木	18金	19土	20日	21月	22火	23水	24木	25金	26土	27日	28月	29火	30水	31木
△	○	◎	○	○	○	△	△	▲	△	○	◎	○	○	○

十一月 運勢

十一月七日立冬の節より
月命乙亥　五黄土星の月
暗剣殺　なし

運気は上々なのに実力を発揮できないジレンマに悩みそうです。今月は家庭と仕事を両立させるのだという気持ちで進展するのが最善策です。不満はそのまま溜め込んでしまうのではなく、きちんと話し合いをしましょう。仕事もプライベートも一気に片づけようとせず、時間をかけて解決していく方針を立てましょう。

●十一月の方位

今月の吉方位	大吉→北 吉→南
11月の幸運数	5、8、0
幸運色	クリスタルホワイト

●吉日と注意日

1金	2土	3日	4月	5火	6水	7木	8金	9土	10日	11月	12火	13水	14木	15金	16土
△	△	▲	△	○	◎	○	◎	○	△	△	▲	△	○	◎	○

17日	18月	19火	20水	21木	22金	23土	24日	25月	26火	27水	28木	29金	30土
◎	○	△	△	▲	△	○	◎	○	◎	○	△	△	▲

十二月 運勢

十二月七日大雪の節より
月命丙子　四緑木星の月
暗剣殺　東南の方位

活動量に比べて出てくる成果が少ないと感じるかもしれません。取りこぼしのないように確認をしながら処理していきましょう。地道な活動が大事な時です。仕事の範囲が広がるような状況ができますが、広げるより狭めていきましょう。良い案が浮かんだらメモに残し、来期の好運期に実行できるようにしましょう。

●十二月の方位

今月の吉方位	大吉→西南 吉→北
12月の幸運数	3、4、8
幸運色	エメラルドグリーン

●吉日と注意日

1日	2月	3火	4水	5木	6金	7土	8日	9月	10火	11水	12木	13金	14土	15日	16月
△	○	◎	○	◎	○	△	△	▲	△	○	○	○	◎	○	△

17火	18水	19木	20金	21土	22日	23月	24火	25水	26木	27金	28土	29日	30月	31火
△	▲	△	○	○	○	◎	○	△	△	○	◎	○	○	○

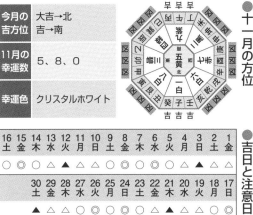

今年の運勢の変化と指針

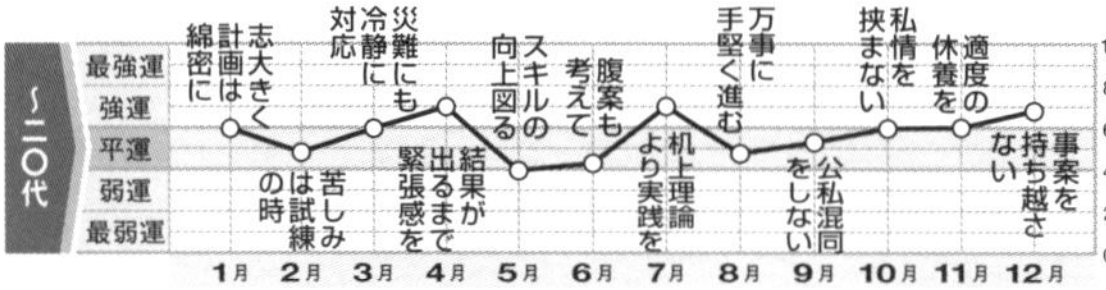

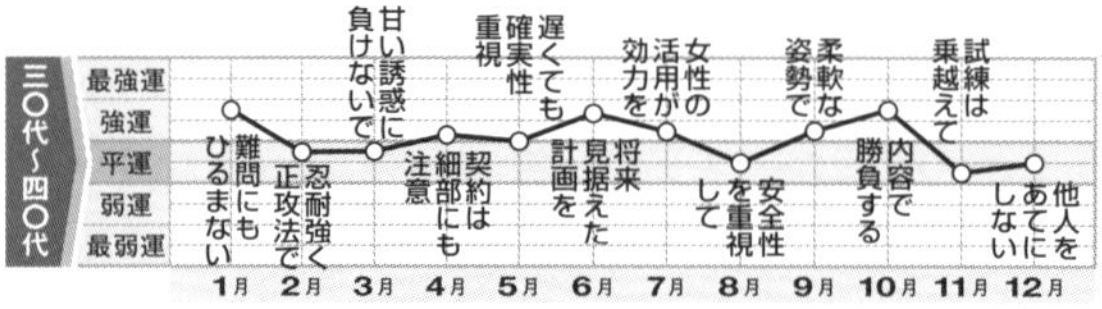

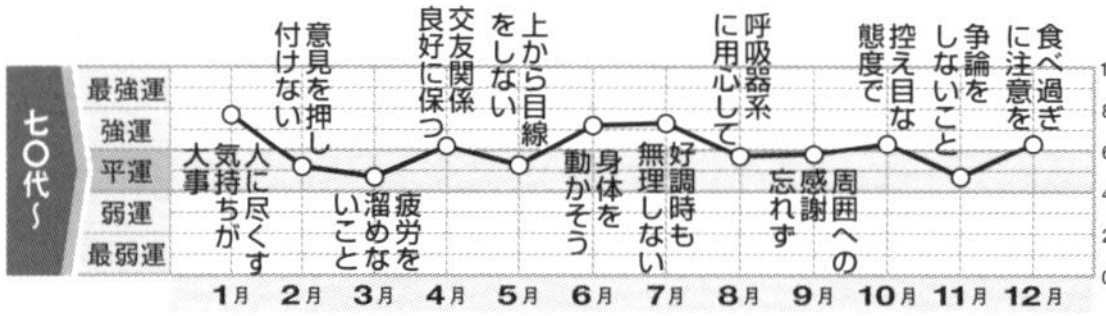

●本年のあなたの本命星は兌宮《だきゅう》に回座します。前年の仕事優先の反動を受けるかのように遊興・趣味・レジャーに時間を費やすようになります。仕事より遊興優先になるのです。出費が重なり、懐具合を心配するところですが、今年は金運が良く、臨時収入が入ってくるラッキーな暗示があります。

●仕事や学校帰りに寄り道が多くなります。男性ならちょいと一杯のつもりがハシゴ酒になり、女性なら洋服やアクセサリーなどを見て回っているうちにいつの間にかあれこれと買い込んでしまうという雰囲気のある星回りなのです。人生たまにはそれも良いかもしれませんが、行き過ぎると後悔することになります。財布の中味と健康が一時に失われているということのないようにしましょう。

●アルコールが入ると言葉によるトラブルが発生しやすくなります。言わなくても良い一言や他人への中傷や自分の自慢話などは慎むようにしましょう。

適職

政治家、宗教家、教育家、評論家、金融業、公務員、裁判官、土建業、自衛官、刑務官、医師、オークション業、葬儀社、解体業、プログラマー等

五黄土星《ごおうどせい》

○ 収穫期

方位吉凶図

吉方

本年は相生する二黒土星が回座する東南方位、七赤金星が回座する南方位、九紫火星が回座する西南方位、八白土星が回座する北方位、六白金星が回座する東北方位が吉方となります。月別の吉方は毎月の運勢欄をご覧ください。

凶方

本年は五黄土星が回座する西方位が五黄殺、反対側の一白水星が回座する東方位が暗剣殺方位の大凶方位になります。五黄土星が回座する西方位が本命殺、反対側の一白水星が回座する東方位が本命的殺方位で五黄殺、暗剣殺と重なる大凶方位になります。本年の十二支である辰の反対側、戌の方位が歳破で大凶方位です。月別の凶方は毎月の運勢欄をご覧ください。

年齢別１年間の運勢指針

2歳（令和4年 壬寅）
あらゆることに興味を示し、じっとしていることが少なく目が離せない時でしょう。用心をしましょう。

11歳（平成25年 癸巳）
次の中学のことが気になるかもしれません。楽しい場所だということを少しずつ教えてあげましょう。

20歳（平成16年 甲申）
妙に注目される年です。自分を見失うことなく、しっかりと将来を見据えて行動しましょう。

29歳（平成7年 乙亥）
先行きに大きな希望が見える年齢です。目標を明確にして日々研鑽していきましょう。果断に挑戦を。

38歳（昭和61年 丙寅）
仕事は一応マスターして次の段階へ向かう大事な時期です。責務も一層重くなるはずです。自覚を持って。

47歳（昭和52年 丁巳）
現状を直視して情報を多く取り入れましょう。信用を落とすことは最悪の事態です。

56歳（昭和43年 戊申）
発想の転換がうまくいく年です。新たなアイディアがうまく時勢にマッチして注目されます。

65歳（昭和34年 己亥）
計画的に物事を進め、他者の意見も取り入れると順調にいきます。

74歳（昭和25年 庚寅）
思うようにいかないことを他人のせいにせず、自らは引き立て役に徹すると良い結果が得られます。

83歳（昭和16年 辛巳）
身内に嬉しいことが起きる兆候があります。素直に喜びを分かち合い、楽しみを共有しましょう。

92歳（昭和7年 壬申）
経験を後進に伝えるのは高齢者の務めといえます。億劫がらずに体験を大いに話しましょう。

101歳（大正12年 癸亥）
元気に過ごす秘訣を頭にまとめて他者に話すのも良いと思われます。

●今年の健康運

本年は呼吸器や口中疾患に気を付けましょう。本年病気をしますと、手術が必要になる場合が多いです。肥満型の人には内臓が弱い人が多いので、注意が必要です。本年は娯楽・遊興の星の上に回座しています。遊興娯楽が多いと飲食の機会が増えて内臓に負担が掛かります。そのことを念頭に置いて節制をしていかないと、予期せぬ疾患が襲ってきます。

●今年の金銭運

本年の金銭運は比較的良好です。蓄財型の金運ではなく消費型の金運です。必要な分が何となく入ってくるというラッキー運ですが、油断して過ごすと財布がいつの間にか軽くなり過ぎているという結果になります。計画的に遊んで消費する習慣を崩さずに過ごしましょう。借り入れをして遊興を楽しんでしまう行動は禁物です。

●今年の恋愛運

恋愛に関して本年は華やかです。恋のチャンスがたくさんあります。南方位からの女性はチャーミングで可愛らしい人です。あなたと気の合う相手です。西南方位からの男性は女性のあなたに気配りをしてくれます。東方位からの女性は男性のあなたを手練手管で籠絡してきそうです。日頃から観察眼を磨いておけば、まどわされることはないものです。

一月　運勢

一月六日小寒の節より
月命乙丑　六白金星の月
暗剣殺　西北の方位

かけ声倒れにならぬよう、地に足を着けた着実な実行を心掛けましょう。西北からやってくる甘い儲け話に乗るようなことは避けてください。正月の気のゆるんだ気持ちのままでいると、損害を背負い込みます。十分に警戒をすることです。

　調子が良いと、お山の大将になった気分になります。自制心が大事な時です。

●一月の方位

今月の吉方位	大吉→東北 中吉→北、庚、辛
1月の幸運数	3、4、8
幸運色	エメラルドグリーン

●吉日と注意日

16火	15月	14日	13土	12金	11木	10水	9火	8月	7日	6土	5金	4木	3水	2火	1月
○	◎	○	○	○	△	○	▲	△	○	◎	○	◎	△	△	○
	31水	30火	29月	28日	27土	26金	25木	24水	23火	22月	21日	20土	19金	18木	17水
	○	○	△	○	▲	△	○	◎	○	○	○	△	○	▲	△

二月　運勢

二月四日立春の節より
月命丙寅　五黄土星の月
暗剣殺　なし

許容量を超えたと思われる職責を与えられそうです。あなたならできると思っての依頼だと思われます。神が与えた試練と受け止めて果敢に挑戦してみることです。あなたにとっての未知の領域には、先達の経験者がいるはずです。その人に聞いてみましょう。問題の糸口をつかめば、前進はたやすいかもしれません。

●二月の方位

今月の吉方位	大吉→南 中吉→東北、未、坤 吉→亥、乾
2月の幸運数	4、5、6
幸運色	コバルトグリーン

●吉日と注意日

16金	15木	14水	13火	12月	11日	10土	9金	8木	7水	6火	5月	4日	3土	2金	1木
△	○	▲	△	○	◎	○	◎	○	△	○	▲	△	○	◎	○
			29木	28水	27火	26月	25日	24土	23金	22木	21水	20火	19月	18日	17土
			◎	○	◎	○	△	○	▲	△	○	◎	○	◎	○

三月　運勢

三月五日啓蟄の節より
月命丁卯　四緑木星の月
暗剣殺　東南の方位

経験や知識を生かし、思うように進展することができます。今月は仕事優先にして奮闘しましょう。温めていた新規計画を実行に移す好機です。意外なところから援助の手が差し伸べられます。

　締め括りを明確にすることが重要です。情に駆られた甘い決着は、後日に禍根を残します。ビジネスと割り切ることです。

●三月の方位

今月の吉方位	大吉→北 中吉→南 吉→東北
3月の幸運数	3、5、8
幸運色	ホワイト

●吉日と注意日

16土	15金	14木	13水	12火	11月	10日	9土	8金	7木	6水	5火	4月	3日	2土	1金
◎	○	△	○	▲	△	○	○	○	◎	○	△	○	▲	△	○
	31日	30土	29金	28木	27水	26火	25月	24日	23土	22金	21木	20水	19火	18月	17日
	○	▲	△	○	○	○	◎	○	△	○	▲	△	○	○	○

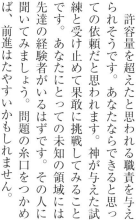

四月 運勢

四月四日清明の節より
月命戊辰　三碧木星の月
暗剣殺　東の方位

勢いの盛んな月を迎えています。充実した気力で前進できます。成果は大きいものがあります。常に収支バランスを頭に入れた活動をしましょう。

人との共同作業では調和の精神を忘れないようにしましょう。ワンマンになる傾向があります。抑制力を働かせてうまく協調して遂行していきましょう。

●四月の方位

今月の吉方位	大吉→西南 中吉→東南、北 吉→南、東北
4月の幸運数	5、6、7
幸運色	イエロー

●吉日と注意日

1	2	3	4	5	6	7	8	9	10	11	12	13	14	15	16
月	火	水	木	金	土	日	月	火	水	木	金	土	日	月	火
△	○	◎	○	◎	△	△	▲	○	△	○	◎	○	◎	△	△

17	18	19	20	21	22	23	24	25	26	27	28	29	30
水	木	金	土	日	月	火	水	木	金	土	日	月	火
▲	○	△	○	◎	○	◎	△	△	▲	○	△	○	◎

五月 運勢

五月五日立夏の節より
月命己巳　二黒土星の月
暗剣殺　西南の方位

旧習を捨てて新しい方法を試みようという機運に包まれます。実行して失敗するのは、実行しないで後悔するよりは良いです。成果を挙げるには、実行するよりほかありません。上司の助力やアドバイスを活用しましょう。

人との約束は慎重に対応しましょう。できない約束を受けてはいけません。

●五月の方位

今月の吉方位	吉→北、南
5月の幸運数	1、4、9
幸運色	ブラウン

●吉日と注意日

1	2	3	4	5	6	7	8	9	10	11	12	13	14	15	16
水	木	金	土	日	月	火	水	木	金	土	日	月	火	水	木
○	◎	△	△	▲	○	△	○	◎	○	◎	○	▲	▲	○	△

17	18	19	20	21	22	23	24	25	26	27	28	29	30	31
金	土	日	月	火	水	木	金	土	日	月	火	水	木	金
○	◎	○	◎	○	▲	▲	○	△	○	◎	○	◎	○	▲

六月 運勢

六月五日芒種の節より
月命庚午　一白水星の月
暗剣殺　北の方位

華やかなイメージがあります。仕事よりも遊興方面での華やかさが目立ちます。収支を考えた生活態度が必要です。人生の息抜きとして適度に楽しみましょう。

人との交流が活発になります。独身者には恋の季節となります。既婚者には不倫の恋が生まれる可能性があります。十分に警戒して過ごしましょう。

●六月の方位

今月の吉方位	大吉→東南 中吉→亥、乾 吉→西南
6月の幸運数	2、4、9
幸運色	レッド

●吉日と注意日

1	2	3	4	5	6	7	8	9	10	11	12	13	14	15	16
土	日	月	火	水	木	金	土	日	月	火	水	木	金	土	日
▲	○	△	○	◎	○	◎	○	△	▲	○	△	○	◎	○	◎

17	18	19	20	21	22	23	24	25	26	27	28	29	30
月	火	水	木	金	土	日	月	火	水	木	金	土	日
○	△	▲	○	△	○	◎	○	◎	○	△	▲	▲	△

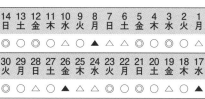

七月 運勢

七月六日小暑の節より
月命辛未　九紫火星の月
暗剣殺　南の方位

自分の専門分野に焦点を絞り、深く掘り下げることを目指しましょう。口数を減らして不言実行に徹するのが吉策です。自分のスキルを向上させるのに最も適している月です。今までの経過をたどってみるのも良いことです。過去の生かせる経験を取り入れ、新たに方法を構築するのも良策です。

●七月の方位

今月の吉方位	中吉→東南 吉→西南
7月の幸運数	5、7、0
幸運色	ホワイト

●吉日と注意日

1月	2火	3水	4木	5金	6土	7日	8月	9火	10水	11木	12金	13土	14日	15月	16火
○	◎	○	◎	○	△	△	▲	△	○	◎	○	◎	○	△	△
17水	**18木**	**19金**	**20土**	**21日**	**22月**	**23火**	**24水**	**25木**	**26金**	**27土**	**28日**	**29月**	**30火**	**31水**	
▲	△	○	◎	○	◎	○	△	△	▲	△	○	◎	○	◎	

八月 運勢

八月七日立秋の節より
月命壬申　八白土星の月
暗剣殺　東北の方位

運気全快とはいきませんが、かなり良好な星回りに入っています。ゆっくり丁寧に進んでいきましょう。不調だった人にも再起の好機となります。持てる力を十分に発揮し、目標を完遂させましょう。白黒をきちんと求められます。決断する時は自信を持って下してください。曖昧な結論は許されない雰囲気の時です。

●八月の方位

今月の吉方位	大吉→亥、乾 吉→東南
8月の幸運数	2、3、7
幸運色	ローズパープル

●吉日と注意日

1木	2金	3土	4日	5月	6火	7水	8木	9金	10土	11日	12月	13火	14水	15木	16金
○	△	△	▲	△	○	◎	○	◎	○	▲	○	▲	△	○	◎
17土	**18日**	**19月**	**20火**	**21水**	**22木**	**23金**	**24土**	**25日**	**26月**	**27火**	**28水**	**29木**	**30金**	**31土**	
○	◎	○	▲	○	▲	△	○	◎	○	◎	○	▲	○	▲	

九月 運勢

九月七日白露の節より
月命癸酉　七赤金星の月
暗剣殺　西の方位

本来であればこの月は、飛躍できる幸運月です。しかし、今年は少し危険な月になっています。十分な警戒が必要です。重要案件は慎重に遂行し、結論を延ばせる時間の余裕があれば延ばしましょう。秘密裏に物事を進めるのは避けてください。大問題に発展します。一方に偏らず公正な立場を貫くようにしましょう。

●九月の方位

今月の吉方位	中吉→南、亥、乾 吉→東南
9月の幸運数	1、4、6
幸運色	アクアブルー

●吉日と注意日

1日	2月	3火	4水	5木	6金	7土	8日	9月	10火	11水	12木	13金	14土	15日	16月
△	○	◎	○	◎	○	△	○	▲	△	○	◎	○	◎	△	△
17火	**18水**	**19木**	**20金**	**21土**	**22日**	**23月**	**24火**	**25水**	**26木**	**27金**	**28土**	**29日**	**30月**		
○	▲	△	○	◎	○	◎	△	△	○	▲	△	○	◎		

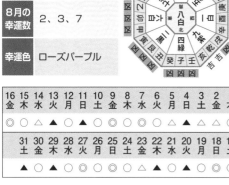

十月 運勢

十月八日寒露の節より
月命甲戌 六白金星の月
暗剣殺 西北の方位

今月は外部からの邪魔が入り、物事が破れることに注意を払いましょう。用心して推進すれば、大きな事故などは避けられます。誠実に成し遂げる努力を続けましょう。

実践を重視し、率先して動きましょう。仕事上の不足は知恵を出して補う気持ちを忘れなければ、道は大きく開けます。

●十月の方位

今月の吉方位	大吉→東北 中吉→北
10月の幸運数	5、8、0
幸運色	クリスタルホワイト

●吉日と注意日

1	2	3	4	5	6	7	8	9	10	11	12	13	14	15	16
火	水	木	金	土	日	月	火	水	木	金	土	日	月	火	水
○	◎	△	△	○	▲	△	○	◎	○	○	○	△	○	▲	△
17	18	19	20	21	22	23	24	25	26	27	28	29	30	31	
木	金	土	日	月	火	水	木	金	土	日	月	火	水	木	
○	◎	○	○	○	△	○	▲	△	○	◎	○	○	○	△	

十一月 運勢

十一月七日立冬の節より
月命乙亥 五黄土星の月
暗剣殺 なし

人や物、そして情報が不思議と集まってくる月です。素早く見極めて取捨選択をして活用しましょう。情報が集まると、積極的な気持ちになります。机上の理論を重ねるより実践をしてみることです。実践しながらさらに良否を見極めていくのが有効です。机上で論議をしているうちに好機を逸してしまうことがあります。

●十一月の方位

今月の吉方位	大吉→南 中吉→西南、東北 吉→亥、乾
11月の幸運数	3、4、8
幸運色	グリーン

●吉日と注意日

1	2	3	4	5	6	7	8	9	10	11	12	13	14	15	16
金	土	日	月	火	水	木	金	土	日	月	火	水	木	金	土
○	▲	△	○	◎	○	◎	○	△	○	▲	△	○	◎	○	◎
17	18	19	20	21	22	23	24	25	26	27	28	29	30		
日	月	火	水	木	金	土	日	月	火	水	木	金	土		
○	△	○	▲	△	○	◎	○	◎	○	△	○	▲	△		

十二月 運勢

十二月七日大雪の節より
月命丙子 四緑木星の月
暗剣殺 東南の方位

周囲の空気を読み、協調していくことを心掛けましょう。計画目標をほぼ達成して満足感を味わうことができます。礼節を弁えて努力を続けていけば、上司や目上の協力理解を得られます。決断する時に迷いを生じないように日頃から決断の時を意識していましょう。

風邪などを引かないように用心を。

●十二月の方位

今月の吉方位	大吉→北 中吉→丙、丁 吉→東北
12月の幸運数	3、5、8
幸運色	ブルー

●吉日と注意日

1	2	3	4	5	6	7	8	9	10	11	12	13	14	15	16
日	月	火	水	木	金	土	日	月	火	水	木	金	土	日	月
○	◎	○	◎	○	△	○	▲	△	○	○	○	◎	○	△	○
17	18	19	20	21	22	23	24	25	26	27	28	29	30	31	
火	水	木	金	土	日	月	火	水	木	金	土	日	月	火	
▲	△	○	○	○	◎	○	△	○	○	△	○	◎	○	○	

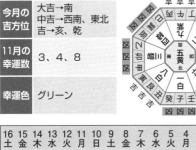

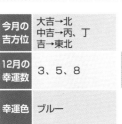

六白金星《ろっぱくきんせい》

時空期

方位吉凶図

吉方

本年は相生する二黒土星が回座する東南方位、七赤金星が回座する南方位、八白土星が回座する北方位が吉方となります。月別の吉方は毎月の運勢欄をご覧ください。

凶方

本年は五黄土星が回座する西方位が五黄殺、反対側の一白水星が回座する東方位が暗剣殺の大凶方位となります。六白金星が回座する東北方位が本命殺、九紫火星が回座する西南方位が本命的殺の大凶方位になります。本年の十二支である辰の反対側、戌の方位が歳破で大凶方位です。月別の凶方は毎月の運勢欄をご覧ください。

今年の運勢の変化と指針

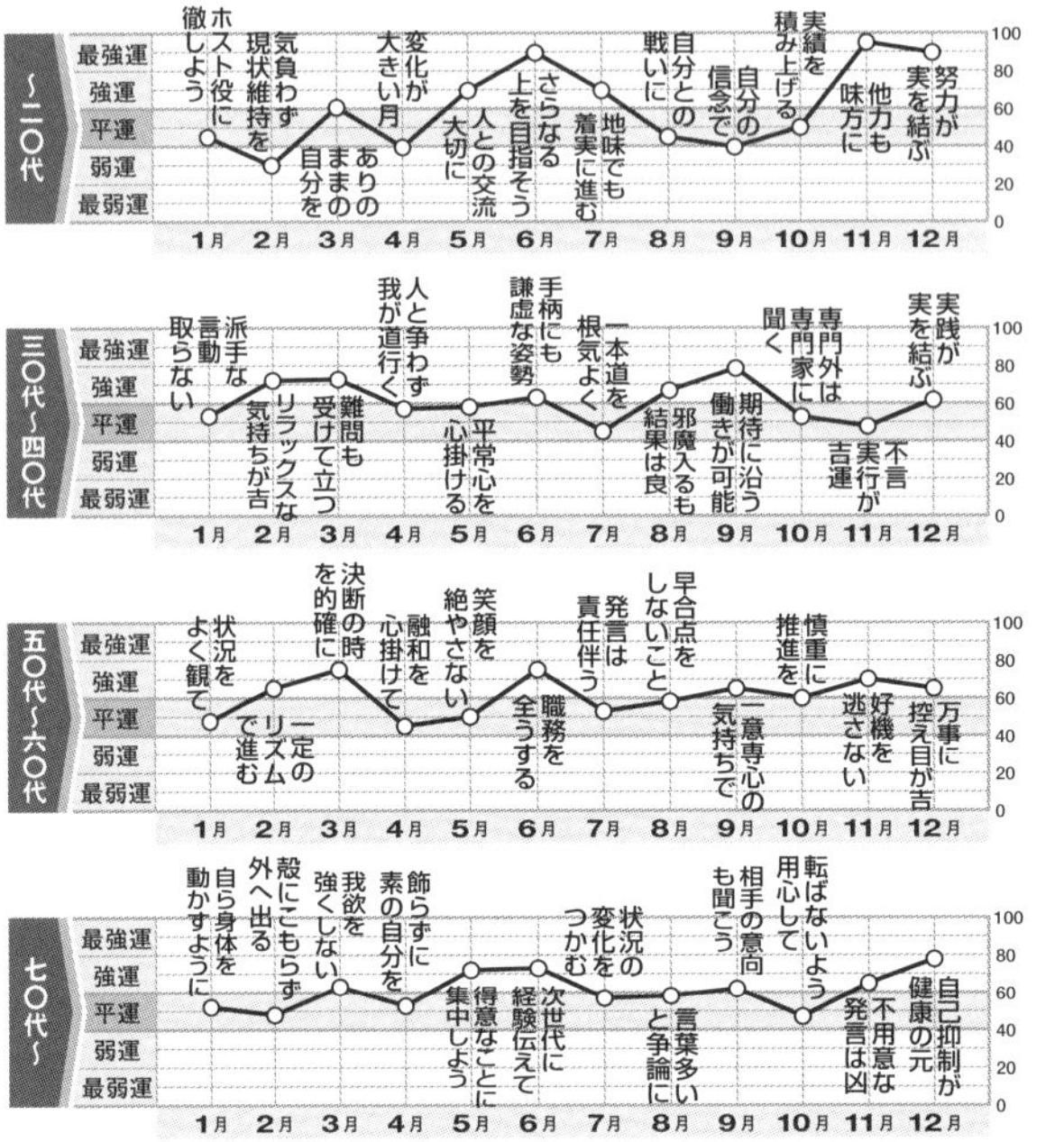

●本年あなたの本命星は東北の艮宮《こんきゅう》に回座します。同時に乾宮《けんきゅう》に回座した四緑木星に被同会されています。このことから本年のあなたは目まぐるしく運命が変化していくことがわかります。主の星を背負ったあなたは責任感が強く独立独行の人です。少し自分本位なところがありますが、身内や部下を守ろうとする正義感があります。本年は人生上のターニングポイントになるときです。この艮宮に回座する今年は新旧交代の年なのです。大きく変わるのは良いのですが、将来飛躍につながる年にしたいものです。将来の布石を打つつもりで手堅い方針を貫くのが良いのです。大胆な手は控えましょう。仕事を博打的なものにしないというのも大切なことです。着実に積み上げていく方策が理想的です。

●反対に昨年まであまり結果が良くなかった人は、新旧交代期を利用して起死回生の一打を放つことを計画してみましょう。

適職　政治家、法律家、航空機関係業、自動車関係業、証券取引業、貴金属店、レストラン業、鑑定業、警備員、スポーツ用品業、ミシン業、ジャーナリスト、飛行機客室乗務員等

年齢別１年間の運勢指針

年齢	生年	運勢指針
3歳	令和3年 辛丑	知能の発達が大きい時に加えて動くスピードが速くなり、目が離せません。見極めて導いてあげましょう。
12歳	平成24年 壬辰	大人になったような錯覚に陥りがちです。夢を大きく伸ばしてあげるような指導を心掛けましょう。
21歳	平成15年 癸未	自分のやりたいことと適性などは中々わからないものです。「楽しい」を基準にすると良い選択ができます。
30歳	平成6年 甲戌	現状の改革を考えるより、当面は現状維持を考えてみるのも良いです。新たな出発は難しい時です。
39歳	昭和60年 乙丑	気分の乗らない一年間かもしれません。気力が薄れています。軽はずみな行動は避けましょう。
48歳	昭和51年 丙辰	雑事と思われることも実は大事な要素であることがあります。どんな職務でも誠実にこなしていきましょう。
57歳	昭和42年 丁未	働き方が若い時とは違ってくるのが普通。マネジメントに力を入れて、全体を俯瞰する目で差配しましょう。
66歳	昭和33年 戊戌	培ってきた経験知識を生かせるように動きましょう。環境が変わっても、人間がやることの基本は一緒です。
75歳	昭和24年 己丑	自分でできることは動いて自分でやることです。運動を日々の暮らしの中に取り入れることがポイントです。
84歳	昭和15年 庚辰	家に引っ込むと、急速に老け込んで健康を損ねる危険性があります。老後を楽しく過ごしましょう。
93歳	昭和6年 辛未	まだまだ後進との交流に心掛け、自分を若返らせましょう。新たな世界が広がっていきます。
102歳	大正11年 壬戌	人生を愉快に過ごす工夫をすれば、元気を継続することができます。

●今年の健康運

本年は運動不足からの疾患に注意をしましょう。本年のあなたは動かない状況に置かれます。また自分でも動きたくないという気分になります。身体を動かす習慣を付けましょう。本年は精神的に気苦労が重なります。精神面の変化が大きい年です。あまり変化が大きい行動はとらないほうが無難です。精神的負担は肉体的活力を奪うもとになります。

●今年の金銭運

金銭運も変化が激しい年です。大きく入ってきたかと思うと次の月には資金繰りに苦労することがあります。不意の出費には事前の予算案があれば、慌てないですみます。また欲得に絡んだことに遭遇しますが、自分の利益に強くこだわると、かえって損失になってしまいます。中庸のところで手を打つようにしましょう。

●今年の恋愛運

恋愛にも波があります。本年は、長い期間付き合っていた二人にも心境の変化が起こります。他者に関心が移ったり、一時的に熱が冷めたりすることがあります。この危機を乗り切るには、お互いの行動に注意を払って、会話をマメにすることです。相手に関心があることを言動で示すのが良策です。お互いを理解するには対話が大切です。

一月 運勢

一月六日小寒の節より
月命乙丑　六白金星の月
暗剣殺　西北の方位

人が集まり賑やかな月になります。周囲の喧騒に惑わされず、年初の計画に沿って地道に精進しましょう。得意分野に焦点を絞り、精力を集中させれば、目標を達成することができます。基本をしっかり守ったやり方が最善策です。成果を急ぐあまりの強引な手法は、人間関係に角が立ち、悪化させる危険性があります。

●一月の方位

今月の吉方位	大吉→北、庚、辛 吉→南
1月の幸運数	3、5、8
幸運色	ブルー

●吉日と注意日

1	2	3	4	5	6	7	8	9	10	11	12	13	14	15	16
月	火	水	木	金	土	日	月	火	水	木	金	土	日	月	火
▲	○	△	△	◎	○	◎	○	△	▲	○	△	○	○	○	◎

17	18	19	20	21	22	23	24	25	26	27	28	29	30	31
水	木	金	土	日	月	火	水	木	金	土	日	月	火	水
○	△	▲	○	△	○	○	○	◎	○	△	▲	○	△	○

二月 運勢

二月四日立春の節より
月命丙寅　五黄土星の月
暗剣殺　なし

仕事に専念する姿勢を整えるのが良策です。私事に関してはよく理解をしてもらうように事前に根回しをしておくと良いです。自分の意見態度は明確にしましょう。八方美人的な動きは、周囲から見放されます。出張先で出る話には、好結果が出る予兆があります。アンテナを張って情報を的確に捉えましょう。

●二月の方位

今月の吉方位	大吉→東北、未、坤 吉→北
2月の幸運数	1、3、9
幸運色	ホワイト

●吉日と注意日

1	2	3	4	5	6	7	8	9	10	11	12	13	14	15	16
木	金	土	日	月	火	水	木	金	土	日	月	火	水	木	金
○	○	◎	○	△	▲	○	△	○	◎	○	◎	○	△	▲	○

17	18	19	20	21	22	23	24	25	26	27	28	29
土	日	月	火	水	木	金	土	日	月	火	水	木
△	○	◎	○	◎	○	△	▲	○	△	○	◎	○

三月 運勢

三月五日啓蟄の節より
月命丁卯　四緑木星の月
暗剣殺　東南の方位

運気は盛運ですが、万事に慎重さが求められる月です。欲の深追いをせず中庸のところで手を打つのが最善策です。欲張り過ぎると元も子も失くして、得るところがなくなってしまいます。丁寧な作業を心掛けてください。他人の意見も聞くように努めてください。リスクを未然に防ぐことができます。

●三月の方位

今月の吉方位	大吉→南 中吉→東北 吉→西南
3月の幸運数	3、5、0
幸運色	シルバー

●吉日と注意日

1	2	3	4	5	6	7	8	9	10	11	12	13	14	15	16
金	土	日	月	火	水	木	金	土	日	月	火	水	木	金	土
◎	○	△	▲	○	△	○	◎	○	○	○	△	▲	○	△	○

17	18	19	20	21	22	23	24	25	26	27	28	29	30	31
日	月	火	水	木	金	土	日	月	火	水	木	金	土	日
◎	○	○	○	△	▲	○	△	○	◎	○	○	○	△	▲

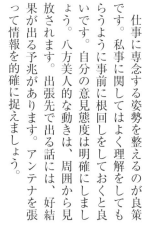

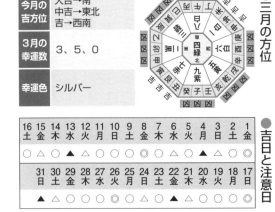

四月　運勢

四月四日清明の節より
月命戊辰　三碧木星の月
暗剣殺　東の方位

何か新たなことをしたくなる衝動に駆られます。精神状態が揺れ動く傾向です。思い付きで実行せず、きちんとした計画に則って実行するようにしましょう。地に足が着かない状態で軽率に動くと、思い通りにいかず失敗につながります。

親戚や家族の問題が浮上してきます。迅速に対応し、誠実に向き合いましょう。

四月の方位

今月の吉方位	大吉→東南、北 中吉→南
4月の幸運数	1、4、9
幸運色	ブラウン

吉日と注意日

1 月	2 火	3 水	4 木	5 金	6 土	7 日	8 月	9 火	10 水	11 木	12 金	13 土	14 日	15 月	16 火
○	△	○	◎	○	◎	△	△	▲	○	△	○	◎	○	◎	△

17 水	18 木	19 金	20 土	21 日	22 月	23 火	24 水	25 木	26 金	27 土	28 日	29 月	30 火
△	▲	○	△	○	◎	○	◎	△	△	▲	○	△	○

五月　運勢

五月五日立夏の節より
月命己巳　二黒土星の月
暗剣殺　西南の方位

中央の星からの助けを借りながらも頭を悩ませる事柄が出現しそうです。経験者や見識者に相談するのはもちろんのことですが、年下の女性の一言が解決の糸口となります。日頃の人間関係を良好に保っておくことが大事です。

長い目で見た将来性を考えながら動きましょう。

五月の方位

今月の吉方位	吉→東南
5月の幸運数	2、4、9
幸運色	オレンジ

吉日と注意日

1 水	2 木	3 金	4 土	5 日	6 月	7 火	8 水	9 木	10 金	11 土	12 日	13 月	14 火	15 水	16 木
◎	○	◎	△	▲	▲	○	△	○	◎	○	◎	○	▲	▲	○

17 金	18 土	19 日	20 月	21 火	22 水	23 木	24 金	25 土	26 日	27 月	28 火	29 水	30 木	31 金
△	○	◎	○	◎	○	▲	▲	○	△	○	◎	○	◎	○

六月　運勢

六月五日芒種の節より
月命庚午　一白水星の月
暗剣殺　北の方位

今月のキーワードは「保身に徹する」。本年一番の衰運の時です。納期に遅れる、経済的に困窮する、異性の問題や親戚とのトラブルが起きるなど、種々の災厄が隠れていて、少しのきっかけで表面化してきます。正道を堅実に歩んでいけば危険は避けられ、起きたとしても最小限の損害ですみます。

六月の方位

今月の吉方位	大吉→亥、乾 中吉→西南
6月の幸運数	5、7、0
幸運色	ブラック

吉日と注意日

1 土	2 日	3 月	4 火	5 水	6 木	7 金	8 土	9 日	10 月	11 火	12 水	13 木	14 金	15 土	16 日
▲	▲	○	△	○	◎	○	◎	○	△	▲	○	△	○	◎	○

17 月	18 火	19 水	20 木	21 金	22 土	23 日	24 月	25 火	26 水	27 木	28 金	29 土	30 日
◎	○	△	▲	○	△	○	◎	○	○	○	△	△	○

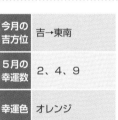

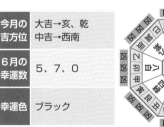

七月　運勢

七月六日小暑の節より
月命辛未　九紫火星の月
暗剣殺　南の方位

先月とはうって変わって周囲から脚光を浴びます。日頃の言動に気配りをしてください。予期せぬ出来事が起きたとしても、組み立てた対応に間違いがなければ平穏に収まります。

今月の隠し事や秘密は月内に発覚します。取り決めなどはオープンにして、全員でわかるようにするのが良策です。

七月の方位

今月の吉方位	大吉→東南 吉→亥、乾
7月の幸運数	2、3、7
幸運色	レッド

吉日と注意日

16火	15月	14日	13土	12金	11木	10水	9火	8月	7日	6土	5金	4木	3水	2火	1月
▲	△	△	○	◎	○	◎	○	△	▲	△	△	○	◎	○	◎
	31水	30火	29月	28日	27土	26金	25木	24水	23火	22月	21日	20土	19金	18木	17水
	○	◎	○	◎	○	△	▲	△	△	○	◎	○	◎	○	△

八月　運勢

八月七日立秋の節より
月命壬申　八白土星の月
暗剣殺　東北の方位

専門分野に的を絞って活動するのが良い月です。簡単に諦めない気持ちで取り組みましょう。部下や目下の人があなたを頼ってきます。相談には丁寧に応えてあげましょう。それが陰徳になります。利益を大きく喧伝する人の話には注意しましょう。相手をよく観察し、安易な儲け話には乗らないようにしましょう。

八月の方位

今月の吉方位	中吉→東南
8月の幸運数	1、4、5
幸運色	マリンブルー

吉日と注意日

16金	15木	14水	13火	12月	11日	10土	9金	8木	7水	6火	5月	4日	3土	2金	1木
○	◎	○	△	▲	○	▲	○	◎	○	◎	○	△	▲	○	△
	31土	30金	29木	28水	27火	26月	25日	24土	23金	22木	21水	20火	19月	18日	17土
	△	▲	○	▲	○	◎	○	◎	○	△	▲	○	▲	○	◎

九月　運勢

九月七日白露の節より
月命癸酉　七赤金星の月
暗剣殺　西の方位

本領を発揮できる強運月。重要な企画があれば実行に移す時です。期待値に近い成果を挙げることができます。信念を貫き、目標にまっすぐ向かいましょう。状況には臨機応変に対応することができます。飛躍するチャンスの月なのです。時勢を無視した取り組みは時間の無駄です。時流を読むことは大事なことです。

九月の方位

今月の吉方位	大吉→南 吉→東北
9月の幸運数	5、8、0
幸運色	ホワイト

吉日と注意日

16月	15日	14土	13金	12木	11水	10火	9月	8日	7土	6金	5木	4水	3火	2月	1日
○	△	△	◎	○	◎	○	△	▲	○	△	○	◎	○	◎	○
		30月	29日	28土	27金	26木	25水	24火	23月	22日	21土	20金	19木	18水	17火
		○	◎	○	△	▲	○	△	△	◎	○	◎	○	△	▲

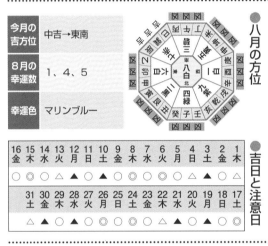

十月 運勢

十月八日寒露の節より
月命甲戌　六白金星の月
暗剣殺　西北の方位

安請け合いは避けてください。自信の持てない事柄については受けないほうが無難です。果たせない時に払う代償は小さくないものがあります。

大言壮語をせず、地道な活動をしましょう。もともと実力のあるあなたです。平常心で活動をすれば、成果を挙げることができます。見栄は張らないことです。

●十月の方位

今月の吉方位	大吉→北 吉→南
10月の幸運数	3、4、8
幸運色	グリーン

●吉日と注意日

1火	2水	3木	4金	5土	6日	7月	8火	9水	10木	11金	12土	13日	14月	15火	16水
◎	△	△	○	▲	△	○	◎	○	○	○	△	○	▲	△	○

17木	18金	19土	20日	21月	22火	23水	24木	25金	26土	27日	28月	29火	30水	31木
◎	○	○	○	△	○	▲	△	○	◎	○	○	○	△	○

十一月 運勢

十一月七日立冬の節より
月命乙亥　五黄土星の月
暗剣殺　なし

あなたには大きな期待が寄せられています。先月からの努力と今月の頑張りが報われて、名誉を得るかもしれません。引き続き謙虚な姿勢も好感を集めます。

周囲と協調しながら進展をしていきましょう。順調な時ほど謙虚な姿勢を貫きましょう。逆に他人の意見を取り入れると、業績の幅が大きくなります。

●十一月の方位

今月の吉方位	大吉→東北、西南 吉→北
11月の幸運数	3、5、8
幸運色	ブルー

●吉日と注意日

1金	2土	3日	4月	5火	6水	7木	8金	9土	10日	11月	12火	13水	14木	15金	16土
▲	△	○	◎	○	○	○	△	○	▲	△	○	◎	○	◎	○

17日	18月	19火	20水	21木	22金	23土	24日	25月	26火	27水	28木	29金	30土
△	○	▲	△	○	◎	○	◎	○	△	○	▲	△	○

十二月 運勢

十二月七日大雪の節より
月命丙子　四緑木星の月
暗剣殺　東南の方位

一年間を振り返って問題点を洗い出し、来年の計画に生かしましょう。今月は現状維持に徹するのが良いです。用件は迅速に処理して来年に備えることです。

急進するよりゆっくり進めるのが良いです。失敗は絶対にしないという固い決意が物をいいます。自己信念を持って静かに過ごしましょう。

●十二月の方位

今月の吉方位	大吉→丙、丁 中吉→東北 吉→西南
12月の幸運数	5、6、7
幸運色	ゴールド

●吉日と注意日

1日	2月	3火	4水	5木	6金	7土	8日	9月	10火	11水	12木	13金	14土	15日	16月
◎	○	◎	○	△	○	▲	△	○	○	○	◎	○	△	○	▲

17火	18水	19木	20金	21土	22日	23月	24火	25水	26木	27金	28土	29日	30月	31火
△	○	○	○	◎	○	△	○	▲	▲	○	△	○	◎	○

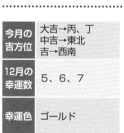

今年の運勢の変化と指針

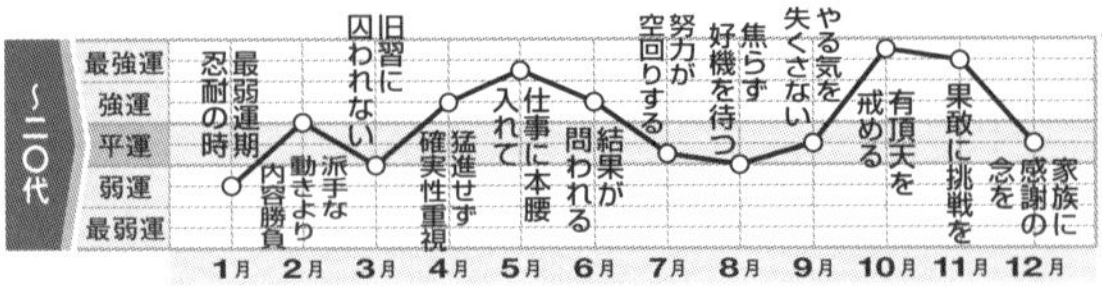

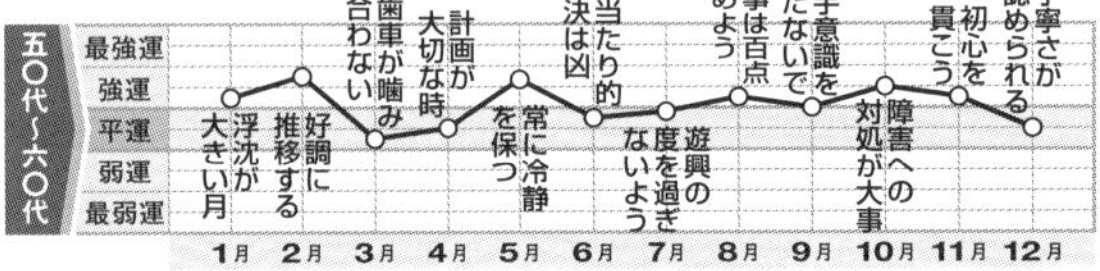

●本年あなたの本命星は南方位の離宮に回座しています。そして兌宮《だきゅう》に入った五黄土星に被同会されています。この年回りは、今までしてきたことが良い悪いにかかわらず表面に現れてしまいます。ですから今年のあなたの運勢は、今までしてきた行ないにかかっているといっても良いのです。過去に良いことをしてきた人には果報が来るでしょう。いずれにしても心身共に活発な動きに転じる時です。出会いを大切に、できる限り多くの人と活発な交流を広げましょう。必ずあなたの力となってくれることでしょう。逆に親しい人との別れを味わうことがある年でもあります。

●一定のことをやり続けると慣れてしまい、つい手をゆるめてしまいがちです。周囲から誤解を受けないように常に正しい言動を心掛けましょう。今後の生き方として気持ちを固く持ち、多少不利なことでも正道を歩むよう心掛けると吉運に恵まれます。

適職
弁護士、教師、外科医、歯科医、武術家、司会者、金属加工業、食料品店、製造業、出版業、服飾業、飲食店、飛行機客室乗務員、セールス業、ホステス、タレント等

七赤金星《しちせききんせい》

炎熱期

方位吉凶図

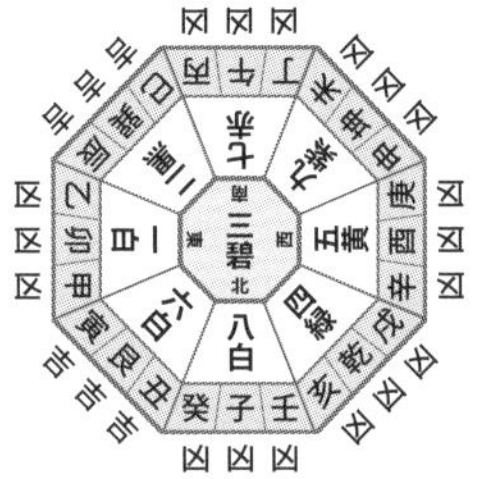

吉方

本年は相生する二黒土星が回座する東南方位、六白金星が回座する東北方位が吉方となります。月別の吉方は毎月の運勢欄をご覧ください。

凶方

本年は五黄土星が回座する西方位が五黄殺、反対側の一白水星が回座する東方位が暗剣殺の大凶方位となります。七赤金星が回座する南方位が本命殺、八白土星が回座する北方位が本命的殺の大凶方位です。本年の十二支である辰の反対側戌の方位が歳破で大凶方位です。月別の凶方は毎月の運勢欄をご覧ください。

年齢別１年間の運勢指針

年齢	生年	運勢
4歳	令和2年 庚子	話を聞いてあげることを面倒に思わず、長所を生かして伸ばす方針で指導すると良いです。
13歳	平成23年 辛卯	進路を定めなければいけない第一岐路が待ち構えています。好きだという基準を元に選択するのが良いです。
22歳	平成14年 壬午	社会人になるのは気分を一変させられる出来事です。選んだ道にひとまず一生懸命に没頭してみましょう。
31歳	平成5年 癸酉	ゆっくりでも着実に歩んできた過程を大切にして、次なるステップへ上がる準備の心構えが重要です。
40歳	昭和59年 甲子	これまで培ってきた努力の結晶が現在のあなたの姿です。さらなる向上を目指しましょう。
49歳	昭和50年 乙卯	注目度が高い年です。普段の言動に細心の注意を払いましょう。前進の気力を失くさないことが大切です。
58歳	昭和41年 丙午	年齢的に焦る気持ちがあっても、平常心で日々の研鑽を続けましょう。チャンスは必ず巡ってくるものです。
67歳	昭和32年 丁酉	あまり派手な動きはしないほうが無難です。目立ち過ぎると、足を引っ張って邪魔する人が出てきます。
76歳	昭和23年 戊子	心身共に好調な年です。人との交際を大切に。和合の心持ちを失わなければ上手く発展していくでしょう。
85歳	昭和14年 己卯	優しさを十分に発揮して付き合いをしていきましょう。体力を過信しての無理は禁物です。
94歳	昭和5年 庚午	身辺に喜び事が起きる兆しがあります。人徳があることの証です。大勢の人と喜びを分かち合いましょう。
103歳	大正10年 辛酉	率直な自分の考えを表しましょう。歯に衣を着せたような物の言い方は受け入れられないものです。

●今年の健康運

心身共に活発になる年です。反面では頭痛・発熱・心臓への負担が大きい年でもあります。発熱を感じたら無理をせず、しっかり休養をとりましょう。気分転換を上手に図って、悩みを発散させましょう。本年は過激な運動は避け、軽い運動を心掛けましょう。年配の人は自分の調子を見極め、自分に合った生活をしましょう。

●今年の金銭運

不定期ですが、入るときは大金が入ることもあります。華やかさがある年なので金運があると思いがちですが、錯覚です。むしろアクセサリーのような金目のものに縁が出ます。あなたは、がつがつと金銭を追いかけなくてもお金に困ることは少ない星回りの人です。地道に働いても金銭が付いて回る人です。欲の深追いは得策ではありません。

●今年の恋愛運

本年のあなたの恋愛は派手な動きを見せるでしょう。隠そうと思っても隠せないほどです。東北方面からの人は旧家の出の人が名門の人です。西南から現れた人は見栄っ張りでも格好良い人です。あなた好みの人ですが、人物をよく見極め、後悔しないようにしましょう。見た目に釣られて恋に落ちてから後悔しても間に合いません。

一月運勢

一月六日小寒の節より
月命乙丑　六白金星の月
暗剣殺　西北の方位

独断専行を避け、共同作業を心掛けるのが得策です。失敗を未然に防いで損失を最小限にすることに有効です。今月は仕事に追いまくられそうです。物事には災難や障害が付きものであると覚悟を決めれば、遭遇した時に平常心で対処することができます。努力を怠らなければ、それなりの成果を挙げることができます。

●一月の方位

今月の吉方位	大吉→北、庚、辛 吉→南
1月の幸運数	4、5、6
幸運色	ゴールド

●吉日と注意日

1月	2火	3水	4木	5金	6土	7日	8月	9火	10水	11木	12金	13土	14日	15月	16火
△	▲	○	△	△	○	○	◎	○	△	▲	○	△	○	○	○

17水	18木	19金	20土	21日	22月	23火	24水	25木	26金	27土	28日	29月	30火	31水
◎	○	△	▲	○	△	○	○	○	◎	○	△	▲	○	△

二月運勢

二月四日立春の節より
月命丙寅　五黄土星の月
暗剣殺　なし

水を得た魚のように気ままに活動できる月です。自分の持ち分の範囲を狭め、ポイントを絞って集中するのが吉策です。実力以上のことを成し遂げようと意気込みますが、足元を見つめ、できるところから着実に進展させましょう。

金銭収支の視点を外さずに予算内で収めるように予定を組んでください。

●二月の方位

今月の吉方位	大吉→東北、未、坤 中吉→亥、乾 吉→北
2月の幸運数	2、5、8
幸運色	シルバー

●吉日と注意日

1木	2金	3土	4日	5月	6火	7水	8木	9金	10土	11日	12月	13火	14水	15木	16金
○	○	○	◎	○	△	▲	○	△	○	○	○	◎	○	△	▲

17土	18日	19月	20火	21水	22木	23金	24土	25日	26月	27火	28水	29木
○	△	○	○	○	◎	○	△	▲	○	△	○	○

三月運勢

三月五日啓蟄の節より
月命丁卯　四緑木星の月
暗剣殺　東南の方位

現状を打開しようとする意欲が湧いてきます。目前の責務に集中することが一番大切です。仕事の重圧もありますが、一歩上を目指そうとする精神があれば道は開けます。我欲を捨て人のためになるという思いを忘れないことです。

考え方の幅を広げ意見交換を活発にすることで、先行きの選択肢が広がります。

●三月の方位

今月の吉方位	大吉→南
3月の幸運数	1、4、9
幸運色	レッド

●吉日と注意日

1金	2土	3日	4月	5火	6水	7木	8金	9土	10日	11月	12火	13水	14木	15金	16土
○	◎	○	△	▲	○	△	○	○	○	○	○	△	▲	○	△

17日	18月	19火	20水	21木	22金	23土	24日	25月	26火	27水	28木	29金	30土	31日
○	○	○	◎	○	△	▲	○	△	○	○	○	○	○	△

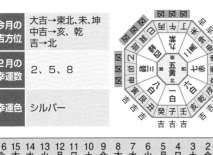

四月　運勢

四月四日清明の節より
月命戊辰　三碧木星の月
暗剣殺　東の方位

とても華やかな気分の星回りに回座しています。公私を混同しがちになりますので注意をしましょう。遊興の気分に誘惑されず、立てた計画に沿って推進していくのが最善策です。

社交上手は仕事への潤滑油にもなります。柔軟な考えで情勢を読み流れに乗ると、大きな成功を収めることができます。

●四月の方位

今月の吉方位	大吉→東南 中吉→東北
4月の幸運数	2、4、9
幸運色	オレンジ

●吉日と注意日

1	2	3	4	5	6	7	8	9	10	11	12	13	14	15	16
月	火	水	木	金	土	日	月	火	水	木	金	土	日	月	火
▲	○	△	○	○	○	◎	△	△	▲	○	△	○	○	○	◎

17	18	19	20	21	22	23	24	25	26	27	28	29	30
水	木	金	土	日	月	火	水	木	金	土	日	月	火
○	△	▲	○	△	○	○	○	◎	△	△	▲	○	△

五月　運勢

五月五日立夏の節より
月命己巳　二黒土星の月
暗剣殺　西南の方位

手を広げず一事に絞って没頭するのが良いです。運気は衰運気です。縁の下の力持ちになり、下から支えるような役割を演じるのが吉運となります。自分の実力を養いながら他者の手助けができるというのは、またとない好機です。不言実行で責務を果たしましょう。必ず成し遂げるという信念が目標達成に役立ちます。

●五月の方位

今月の吉方位	吉→東南
5月の幸運数	5、7、0
幸運色	イエロー

●吉日と注意日

1	2	3	4	5	6	7	8	9	10	11	12	13	14	15	16
水	木	金	土	日	月	火	水	木	金	土	日	月	火	水	木
○	○	○	◎	○	△	▲	○	△	○	○	○	◎	○	△	▲

17	18	19	20	21	22	23	24	25	26	27	28	29	30	31
金	土	日	月	火	水	木	金	土	日	月	火	水	木	金
○	△	○	○	○	◎	○	△	▲	○	△	○	○	○	◎

六月　運勢

六月五日芒種の節より
月命庚午　一白水星の月
暗剣殺　北の方位

注目されています。言動に注意を払ってください。簡単には諦めない気持ちが重要な要素になります。あれもこれもと手を出したくなります。時流の流れに沿った動きを心掛けて進めば成功します。ゆっくりでも確実に仕上げることを目指しましょう。アイディアが豊富に湧いてきます。実践で確認してみましょう。

●六月の方位

今月の吉方位	大吉→亥、乾
6月の幸運数	2、3、7
幸運色	パープル

●吉日と注意日

1	2	3	4	5	6	7	8	9	10	11	12	13	14	15	16
土	日	月	火	水	木	金	土	日	月	火	水	木	金	土	日
○	△	▲	○	△	○	○	○	◎	○	△	▲	○	△	○	○

17	18	19	20	21	22	23	24	25	26	27	28	29	30
月	火	水	木	金	土	日	月	火	水	木	金	土	日
○	◎	○	△	▲	○	△	○	○	○	◎	○	○	◎

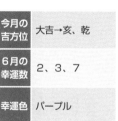

七月 運勢

七月六日小暑の節より
月命辛未　九紫火星の月
暗剣殺　南の方位

目立とうとする気持ちを抑え、控え目に進展するのが良策です。計画性を持って論理的に対処しましょう。段階を追って確実に仕上げていくのが吉策です。周囲の協力が必要な過程が出てきます。その時は根回しを忘れずに丁寧にしておきましょう。心の隙間から油断が生まれないように緊張感を保ちましょう。

七月の方位

今月の吉方位	大吉→東南 中吉→西南 吉→亥、乾
7月の幸運数	1、6、9
幸運色	ホワイト

吉日と注意日

1	2	3	4	5	6	7	8	9	10	11	12	13	14	15	16
月	火	水	木	金	土	日	月	火	水	木	金	土	日	月	火
○	○	○	△	○	▲	△	○	◎	○	○	○	△	○	▲	△

17	18	19	20	21	22	23	24	25	26	27	28	29	30	31
水	木	金	土	日	月	火	水	木	金	土	日	月	火	水
○	◎	○	○	○	△	○	▲	△	○	◎	○	○	○	△

八月 運勢

八月七日立秋の節より
月命壬申　八白土星の月
暗剣殺　東北の方位

思い通りの活動ができる盛運月です。多少の障害に遭っても目標を達成できるはずです。身の丈に合った計画や目標を設定しましょう。リラックスした気持ちで研鑽するほうがうまくいきます。人間関係を良好に保っておくことは重要です。足りないところは他者の知恵や助力をうまく活用させてもらいましょう。

八月の方位

今月の吉方位	なし
8月の幸運数	5、8、0
幸運色	ブラック

吉日と注意日

1	2	3	4	5	6	7	8	9	10	11	12	13	14	15	16
木	金	土	日	月	火	水	木	金	土	日	月	火	水	木	金
○	▲	△	○	◎	○	○	○	△	○	▲	△	○	◎	○	○

17	18	19	20	21	22	23	24	25	26	27	28	29	30	31
土	日	月	火	水	木	金	土	日	月	火	水	木	金	土
○	△	○	▲	△	○	◎	○	○	○	△	○	▲	△	○

九月 運勢

九月七日白露の節より
月命癸酉　七赤金星の月
暗剣殺　西の方位

余計な一言が命取りになる要素が多い月です。人から依頼事をされることが多く出ます。取捨選択をして、できるだけ応えられるようにしてあげましょう。後々のあなたへの助力となって帰ってきます。安請け合いして責任を果たせないことがないように注意してください。果たすことによって信頼関係が増します。

九月の方位

今月の吉方位	大吉→南、亥、乾 中吉→東南 吉→東北
9月の幸運数	3、4、8
幸運色	コバルトグリーン

吉日と注意日

1	2	3	4	5	6	7	8	9	10	11	12	13	14	15	16
日	月	火	水	木	金	土	日	月	火	水	木	金	土	日	月
◎	○	○	○	△	○	▲	△	○	◎	○	○	○	△	○	▲

17	18	19	20	21	22	23	24	25	26	27	28	29	30
火	水	木	金	土	日	月	火	水	木	金	土	日	月
△	○	◎	○	○	○	△	○	▲	△	○	◎	○	○

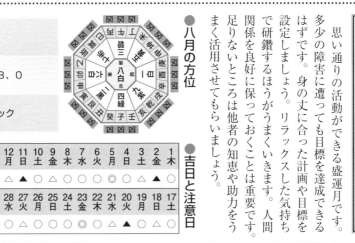

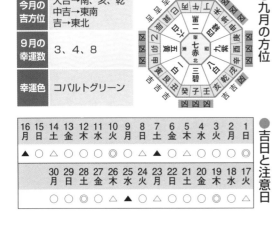

十月運勢

十月八日寒露の節より
月命甲戌　六白金星の月
暗剣殺　西北の方位

前進の勢いに拍車がかかる月です。今月は安全運転を心掛けてください。人生はいつ災難が降りかかってくるかわかりません。計画には第二の手を用意しておくことも必要です。仕事は忙しくなります。それなりの成果も上がってきます。流れを見て決断の時を外さないように緊張感を持続させておきましょう。

●十月の方位

今月の吉方位	大吉→北 吉→南
10月の幸運数	3、5、8
幸運色	ブルー

●吉日と注意日

1火	2水	3木	4金	5土	6日	7月	8火	9水	10木	11金	12土	13日	14月	15火	16水
○	△	○	▲	△	○	◎	○	○	○	△	○	▲	△	○	◎

17木	18金	19土	20日	21月	22火	23水	24木	25金	26土	27日	28月	29火	30水	31木
○	○	○	△	○	▲	△	○	◎	○	○	○	△	○	▲

十一月運勢

十一月七日立冬の節より
月命乙亥　五黄土星の月
暗剣殺　なし

活気に満ちた月ですが、独断専行にならぬよう自制してください。我を抑えて協調精神を前面に出して励みましょう。誠実な対応が大切な時です。仕事と私事の時間を明確に分けましょう。これが疎かになると、周囲から反発を買います。

気持ちの「ダレる」時があります。休養と気分転換を上手に取り入れましょう。

●十一月の方位

今月の吉方位	大吉→東北、西南 中吉→亥、乾 吉→北
11月の幸運数	4、5、6
幸運色	ゴールド

●吉日と注意日

1金	2土	3日	4月	5火	6水	7木	8金	9土	10日	11月	12火	13水	14木	15金	16土
△	○	◎	○	○	○	△	○	▲	△	○	◎	○	○	○	△

17日	18月	19火	20水	21木	22金	23土	24日	25月	26火	27水	28木	29金	30土
○	▲	△	○	◎	○	○	○	△	○	▲	△	○	◎

十二月運勢

十二月七日大雪の節より
月命丙子　四緑木星の月
暗剣殺　東南の方位

変化の激しい月です。情勢判断を誤らないように、四方にアンテナを張って情報をキャッチしましょう。周囲の雑音に惑わされることなく自分の計画通りに進めていきましょう。上司や目上からの指示や要求には、慌てずに対応しましょう。

体調を崩しやすい時です。疲労を覚えたら早めに休息をとりましょう。

●十二月の方位

今月の吉方位	大吉→丙、丁
12月の幸運数	1、4、9
幸運色	ブラウン

●吉日と注意日

1日	2月	3火	4水	5木	6金	7土	8日	9月	10火	11水	12木	13金	14土	15日	16月
○	○	○	△	○	▲	△	○	○	○	○	○	△	○	▲	△

17火	18水	19木	20金	21土	22日	23月	24火	25水	26木	27金	28土	29日	30月	31火
○	◎	○	○	○	△	○	▲	△	△	▲	○	△	○	○

八白土星《はっぱくどせい》

●氷雪期

今年の運勢の変化と指針

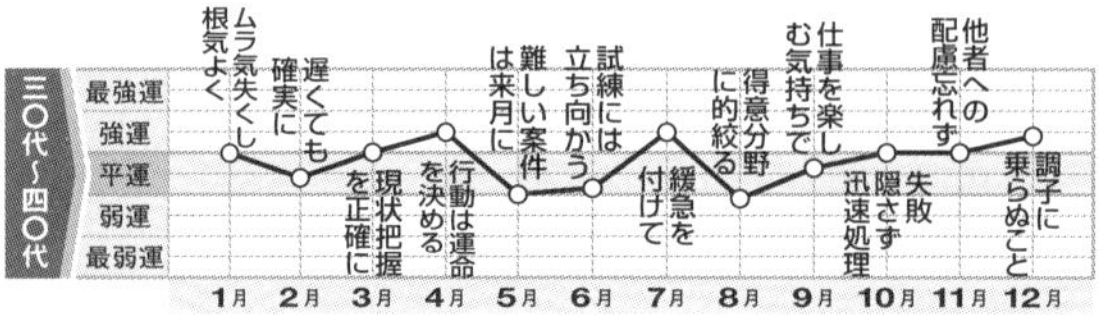

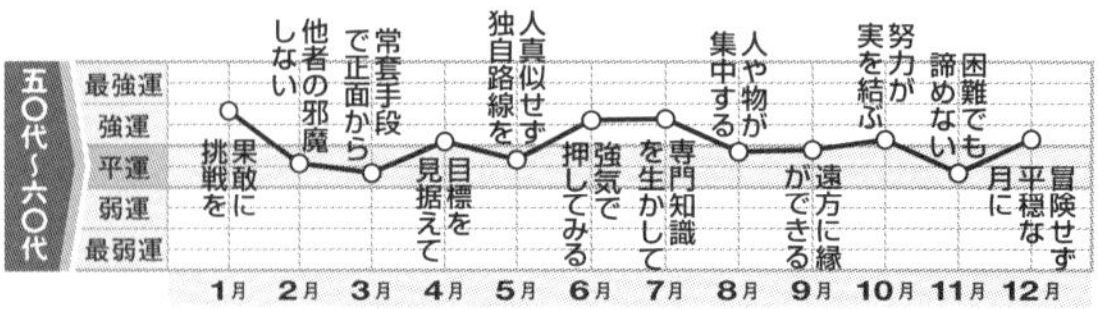

方位吉凶図

吉方

本年は相生する二黒土星が回座する東南方位、九紫火星が回座する西南方位、六白金星が回座する東北方位が吉方となります。月別の吉方は毎月の運勢欄をご覧ください。

凶方

本年は五黄土星が回座する西方位が五黄殺、反対側の一白水星が回座する東方位が暗剣殺の大凶方位になります。八白土星が回座する北方位が本命殺、七赤金星が回座する南方位が本命的殺の大凶方位となります。本年の十二支である辰の反対側、戌の方位が歳破で大凶方位です。月別の凶方は毎月の運勢欄をご覧ください。

●今年のあなたの本命星は北方位の坎宮《かんきゅう》に回座しています。本年は厄年にあたります。厄年だからいろいろなことをしてはいけないということはありません。受け取る気が弱いから注意して慎重に行動しなさいという警告なのです。独立、開業、転職など気を大きく用いる大事などは着手しないほうが良いし、実行するなら計画を綿密に練ることから始めましょう。移転に際しては必ず吉方位を選ぶようにしてください。大きなことを成そうとするならば、厄払いをしておくのも一方法でしょう。

●仕事は今まで手掛けてきたことを継続的に推し進めるのが最善策です。新たな出会いや取引は大事にしましょう。この時の人間関係はうまく進むと大きな得となります。表立った派手さはないものの良好な話が転がり込んでくることがあります。

●身体の冷えに注意。冷えは関節の疾患や免疫力の低下を招き、病気にかかりやすくなります。

適職

弁護士、教育家、警察官、自衛官、金融業、不動産管理業務、土木建築業、倉庫業、製材商、ホテル業、デパート業、リゾート開発、警備員、ペンションオーナー等

年齢別１年間の運勢指針

5歳（令和元年・平成31年　己亥）
好奇心があるので体験できる場をたくさん与えて、新しい生活習慣を身につけさせてあげましょう。

14歳（平成22年　庚寅）
体力作りを重視してください。この時期に体力を鍛えておくと学力も向上することがわかっています。

23歳（平成13年　辛巳）
若さゆえの悩みは、諸先輩に聞いてもらうと良いです。話を素直に聞いて、一人で悩まないように。

32歳（平成４年　壬申）
根気よく対話を重ねていくことが大切です。自重して、万事に締め括りをきちんとしましょう。

41歳（昭和58年　癸亥）
才気煥発で頭の良いあなたです。自己中心的な動きをしますが、周囲との和を考えて進むと業績アップに。

50歳（昭和49年　甲寅）
途中で難しくなると投げやりにしてしまいがちです。いら立ちを抑えて冷静に対処するようにしましょう。

59歳（昭和40年　乙巳）
目標を絞って集中して力を注ぎましょう。経験から来る力も結集させて若い人をリードしていきましょう。

68歳（昭和31年　丙申）
晩年運の強いあなたが日頃から真面目に取り組んできた事柄に脚光を浴びる時が来ます。

77歳（昭和22年　丁亥）
そのまま情勢を見極めて流れに沿って進んでいくのが最善策です。

86歳（昭和13年　戊寅）
一般社会では肩書重視ではないので、付き合い方が少し違ってきます。融通をきかせて動くのが良いです。

95歳（昭和４年　己巳）
今年は口数を少なくして、聞き役に回ると幸運が流れ込んできます。短絡的に判断することは危険です。

104歳（大正９年　庚申）
体験をみんなの前で話して聞かせてあげましょう。協調することが何よりの幸せにつながります。

●今年の健康運

本年は飲食物のとり方に気配りし、身体を冷やさないように用心しましょう。いわゆる厄年の星回りです。体を温める食品を多くとり、栄養のバランスを考えた食事を心掛けてください。身体を温めると免疫力が上がると言われます。逆に冷やすと免疫力は低下し、疾病を招きやすいと言われます。持病のある人は一層の注意をしましょう。

●今年の金銭運

金運は職業によってかなりバラつきがあります。見方を変えると、健康な人は金運が良くなりますが、不健康な人は金運が良くありません。身体が悪いと何かと出費が多くなり、借金が増えてしまうことになります。金運と健康は切っても切れない関係にあります。金銭管理と健康管理は両輪の関係ですので、共に気を配りましょう。

●今年の恋愛運

今年の恋愛運は良くありません。出会うチャンスが少ないのです。持っている気が弱いので、相手に訴えるものが弱くなるのかもしれません。特に東と西から来る人物は警戒しましょう。あなたを騙そうとしている空気が感じられます。恋愛感情に理性を失くしてはいけないでしょう。日頃の眼力を生かし、幸せな恋をつかむ好機にしましょう。

一月 運勢

一月六日小寒の節より
月命乙丑　六白金星の月
暗剣殺　西北の方位

年単位で見ると、今年は決して盛運の年ではないです。しかし、その中で今月は数少ない好調月です。仕事は、少し努力すれば達成可能な計画を立て、達成した時の喜びを大切にしましょう。

注意するべきは、今まではこの方法で好結果を出してきたという安定感と惰性です。新風を取り込みましょう。

●一月の方位

今月の吉方位	大吉→東北 中吉→北
1月の幸運数	1、4、9
幸運色	レッド

●吉日と注意日

1月	2火	3水	4木	5金	6土	7日	8月	9火	10水	11木	12金	13土	14日	15月	16火
○	▲	▲	○	△	○	○	○	◎	○	▲	▲	○	△	○	○

17水	18木	19金	20土	21日	22月	23火	24水	25木	26金	27土	28日	29月	30火	31水
○	◎	○	▲	▲	○	△	○	○	○	◎	○	▲	▲	○

二月 運勢

二月四日立春の節より
月命丙寅　五黄土星の月
暗剣殺　なし

好調だった先月とは異なり、今月は少し遅滞します。方向転換を図るのではなく、忍耐強く計画通りに進展させるのが良いです。立てた計画に自信を持つことが大事なのです。乗り越える気力が新展開を生む原動力になります。

雑多な用件が飛び込んできます。一つずつ片づけていきましょう。

●二月の方位

今月の吉方位	大吉→南 吉→亥、乾
2月の幸運数	4、5、6
幸運色	シルバーグレー

●吉日と注意日

1木	2金	3土	4日	5月	6火	7水	8木	9金	10土	11日	12月	13火	14水	15木	16金
△	○	○	○	◎	○	▲	▲	○	△	○	◎	○	◎	○	▲

17土	18日	19月	20火	21水	22木	23金	24土	25日	26月	27火	28水	29木
▲	○	△	○	◎	○	◎	○	▲	▲	○	△	○

三月 運勢

三月五日啓蟄の節より
月命丁卯　四緑木星の月
暗剣殺　東南の方位

無謀な挑戦をしなければ安泰な月になります。結論が多少遅くなりますが、物事は整う方向にあります。性急な行動を慎み、その時の流れに沿った進展の仕方をすると、成果は順当に上がってきます。

問題が生じた場合は一人で抱え込まず、信頼できる上司や有識者に知恵を借りましょう。

●三月の方位

今月の吉方位	吉→東北
3月の幸運数	2、4、9
幸運色	ホワイト

●吉日と注意日

1金	2土	3日	4月	5火	6水	7木	8金	9土	10日	11月	12火	13水	14木	15金	16土
◎	○	◎	○	▲	▲	○	△	○	◎	○	◎	○	▲	▲	○

17日	18月	19火	20水	21木	22金	23土	24日	25月	26火	27水	28木	29金	30土	31日
△	○	◎	○	◎	○	▲	▲	○	△	○	◎	○	◎	○

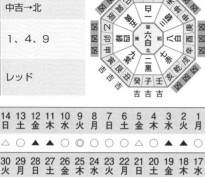

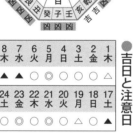

四月　運勢

四月四日清明の節より
月命戊辰　三碧木星の月
暗剣殺　東の方位

衰運気ですが、謙虚な姿勢で過ごす気持ちで乗り切りましょう。好き嫌いの激しいあなたですが、感情を抑えて幅広く人間関係を良好に保つことが仕事上では有利に働きます。自己流に固まらず、情報を捉えて活用しましょう。スマホの情報に頼り過ぎると危険です。自分なりに情報分析ができるようにしましょう。

四月の方位

今月の吉方位	大吉→西南 中吉→東南 吉→東北
4月の幸運数	5、7、0
幸運色	グレー

吉日と注意日

1 月	2 火	3 水	4 木	5 金	6 土	7 日	8 月	9 火	10 水	11 木	12 金	13 土	14 日	15 月	16 火
▲	▲	○	△	○	◎	○	◎	△	▲	▲	○	△	○	◎	○
17 水	**18 木**	**19 金**	**20 土**	**21 日**	**22 月**	**23 火**	**24 水**	**25 木**	**26 金**	**27 土**	**28 日**	**29 月**	**30 火**		
◎	△	▲	▲	○	△	○	◎	○	◎	△	▲	▲	○		

五月　運勢

五月五日立夏の節より
月命己巳　二黒土星の月
暗剣殺　西南の方位

良くも悪くも注目の的になります。日頃から言動は慎重にしましょう。細部にもこだわった取り組みが大事です。結論を早めに出すのがポイントです。

今まで隠されていた秘密が突如として表面化することがあります。当初とは違う形で現れます。真正面から向き合うのが良いです。

五月の方位

今月の吉方位	吉→北、南
5月の幸運数	2、3、7
幸運色	パープル

吉日と注意日

1 水	2 木	3 金	4 土	5 日	6 月	7 火	8 水	9 木	10 金	11 土	12 日	13 月	14 火	15 水	16 木
△	○	◎	○	◎	○	▲	▲	○	△	○	◎	○	◎	○	▲
17 金	**18 土**	**19 日**	**20 月**	**21 火**	**22 水**	**23 木**	**24 金**	**25 土**	**26 日**	**27 月**	**28 火**	**29 水**	**30 木**	**31 金**	
▲	○	△	○	◎	○	◎	○	▲	▲	○	△	○	◎	○	

六月　運勢

六月五日芒種の節より
月命庚午　一白水星の月
暗剣殺　北の方位

力を発揮できる月。目標を具体的にして穏やかな気持ちで進んでいきましょう。独断で決めて進めないほうが良いです。

見かけで判断するのではなく、内容を洞察するのが重要です。時には、自力ではどうすることもできない事態があります。他者の援助を素直に受けることも必要でしょう。

六月の方位

今月の吉方位	大吉→東南 中吉→亥、乾 吉→西南
6月の幸運数	1、4、6
幸運色	アクアブルー

吉日と注意日

1 土	2 日	3 月	4 火	5 水	6 木	7 金	8 土	9 日	10 月	11 火	12 水	13 木	14 金	15 土	16 日
◎	○	▲	▲	○	△	○	◎	○	◎	○	▲	▲	○	△	○
17 月	**18 火**	**19 水**	**20 木**	**21 金**	**22 土**	**23 日**	**24 月**	**25 火**	**26 水**	**27 木**	**28 金**	**29 土**	**30 日**		
◎	○	◎	○	▲	▲	○	△	○	◎	○	◎	◎	○		

七月 運勢

七月六日小暑の節より
月命辛未　九紫火星の月
暗剣殺　南の方位

気持ちが落ちつき、安定した活動ができます。成果も確実に上がってきます。奢ることなく研鑽を続けていきましょう。公私のバランスの取れた月でもあります。

自信があることでも手順通りに進め、急発進を避けましょう。仕事も重責を任されます。常套手段を用い、奇策などは用いないほうが吉策です。

●七月の方位

今月の吉方位	吉→西南
7月の幸運数	5、8、0
幸運色	ブラック

●吉日と注意日

日	曜	吉凶
1	月	◎
2	火	○
3	水	△
4	木	○
5	金	▲
6	土	▲
7	日	○
8	月	◎
9	火	○
10	水	◎
11	木	○
12	金	△
13	土	○
14	日	▲
15	月	▲
16	火	○
17	水	◎
18	木	○
19	金	◎
20	土	○
21	日	△
22	月	○
23	火	▲
24	水	▲
25	木	○
26	金	◎
27	土	○
28	日	◎
29	月	○
30	火	△
31	水	○

八月 運勢

八月七日立秋の節より
月命壬申　八白土星の月
暗剣殺　東北の方位

多少の無理があっても難しい仕事を受けて挑戦してみましょう。自己信念が重要になってきます。不退転の気持ちを心に奮闘してみましょう。新たな世界が見えてくるはずです。

言葉による失敗に注意。仕事に没頭すると、つい言葉遣いが荒くなります。十分気を付けて丁寧な言葉を用いましょう。

●八月の方位

今月の吉方位	大吉→亥、乾 吉→東南
8月の幸運数	3、4、8
幸運色	エメラルドグリーン

●吉日と注意日

日	曜	吉凶
1	木	▲
2	金	▲
3	土	○
4	日	◎
5	月	○
6	火	◎
7	水	○
8	木	△
9	金	○
10	土	▲
11	日	▲
12	月	○
13	火	◎
14	水	○
15	木	◎
16	金	○
17	土	△
18	日	○
19	月	▲
20	火	▲
21	水	○
22	木	◎
23	金	○
24	土	◎
25	日	○
26	月	△
27	火	○
28	水	▲
29	木	▲
30	金	○
31	土	◎

九月 運勢

九月七日白露の節より
月命癸酉　七赤金星の月
暗剣殺　西の方位

言行不一致にならぬよう軽々しい言動を控えましょう。運気は盛運です。雑念を払って仕事に専念するのが吉策です。信念を曲げずに計画を推進しましょう。

遠方との取引をしている場合は大事にしてください。有利な話が出る可能性があります。決断を下す時は自信を持ち、きっぱりと告げましょう。

●九月の方位

今月の吉方位	中吉→南
9月の幸運数	3、5、8
幸運色	ブルー

●吉日と注意日

日	曜	吉凶
1	日	○
2	月	◎
3	火	○
4	水	△
5	木	○
6	金	▲
7	土	▲
8	日	○
9	月	◎
10	火	○
11	水	◎
12	木	○
13	金	△
14	土	○
15	日	▲
16	月	▲
17	火	○
18	水	◎
19	木	○
20	金	◎
21	土	○
22	日	△
23	月	○
24	火	▲
25	水	▲
26	木	○
27	金	◎
28	土	○
29	日	◎
30	月	○

十月運勢

十月八日寒露の節より
月命甲戌　六白金星の月
暗剣殺　西北の方位

未知の分野を手掛ける時は、その道の専門家に聞いてから手を着けるのが良いでしょう。小手先の対応をせず本腰を入れる覚悟で始めましょう。忙しい中にも楽しみを見つけて息抜きをするほうが、集中して活動することができます。独自の考えがあれば実行しても良いです。結果は良くなる方向へ行くでしょう。

●十月の方位

今月の吉方位	大吉→東北 中吉→北
10月の幸運数	5、6、7
幸運色	ゴールド

●吉日と注意日

16水	15火	14月	13日	12土	11金	10木	9水	8火	7月	6日	5土	4金	3木	2水	1火
○	◎	○	▲	▲	○	△	○	◎	○	◎	○	▲	▲	○	△

31木	30水	29火	28月	27日	26土	25金	24木	23水	22火	21月	20日	19土	18金	17木
▲	▲	○	△	○	◎	○	◎	○	▲	▲	○	△	○	◎

十一月運勢

十一月七日立冬の節より
月命乙亥　五黄土星の月
暗剣殺　なし

普段の月に比べて外出する機会が多くなります。本業が疎かにならないようにスケジュール管理を的確にしましょう。今月は上司や長老からの命令や要求が多く、重圧を感じることがあります。しかしながら忠告は素直に聞き入れるのが賢明です。全力を出して要求に応えられれば認められ、上を目指すことができます。

●十一月の方位

今月の吉方位	大吉→南 吉→亥、乾
11月の幸運数	1、4、9
幸運色	ブラウン

●吉日と注意日

16土	15金	14木	13水	12火	11月	10日	9土	8金	7木	6水	5火	4月	3日	2土	1金
○	△	○	◎	○	◎	○	▲	▲	○	△	○	◎	○	◎	○

30土	29金	28木	27水	26火	25月	24日	23土	22金	21木	20水	19火	18月	17日
○	◎	○	▲	▲	○	△	○	◎	○	◎	○	▲	▲

十二月運勢

十二月七日大雪の節より
月命丙子　四緑木星の月
暗剣殺　東南の方位

年末を控え、慎重な行動を取りましょう。思い付きの行動は災厄に遭いやすいので、十分に検討してから着手するようにしましょう。また、今月金策を考えている人は控え目な予算組みを考えないと、期待通りにいかないことが起きます。ゆっくりでも自分の流儀を貫いて推進していくのが良策です。

●十二月の方位

今月の吉方位	吉→東北
12月の幸運数	2、4、9
幸運色	ワインレッド

●吉日と注意日

16月	15日	14土	13金	12木	11水	10火	9月	8日	7土	6金	5木	4水	3火	2月	1日
○	▲	▲	○	△	○	◎	○	◎	○	▲	▲	○	△	○	◎

31火	30月	29日	28土	27金	26木	25水	24火	23月	22日	21土	20金	19木	18水	17火
○	△	○	▲	▲	○	○	▲	▲	○	△	○	◎	○	◎

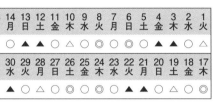

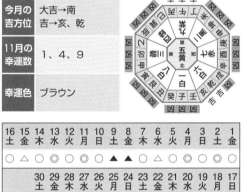

九《きゅう》紫《し》火《か》星《せい》

発芽期

方位吉凶図

吉方

本年は相生する二黒土星が回座する東南方位、八白土星が回座する北方位、四緑木星が回座する西北方位のうち、乾の方位と亥の方位が吉方となります。月別の吉方は毎月の運勢欄をご覧ください。

凶　方

本年は五黄土星が回座する西方位が五黄殺、反対側の一白水星が回座する東方位が暗剣殺の大凶方位となります。九紫火星が回座する西南方位が本命殺、六白金星が回座する東北方位が本命的殺の大凶方位になります。本年の十二支である辰の反対側、戌の方位が歳破で大凶方位です。月別の凶方は毎月の運勢欄をご覧ください。

今年の運勢の変化と指針

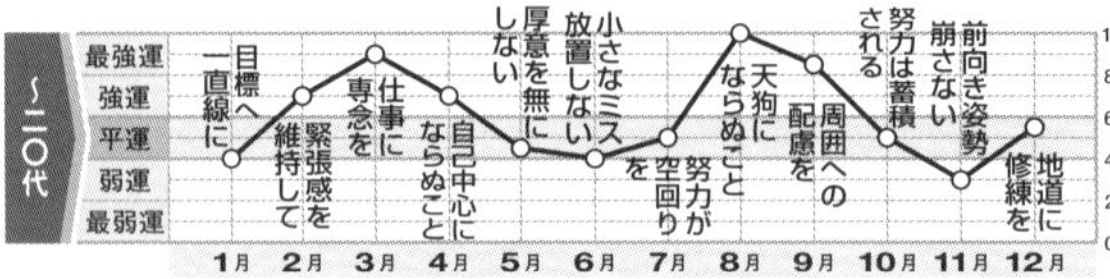

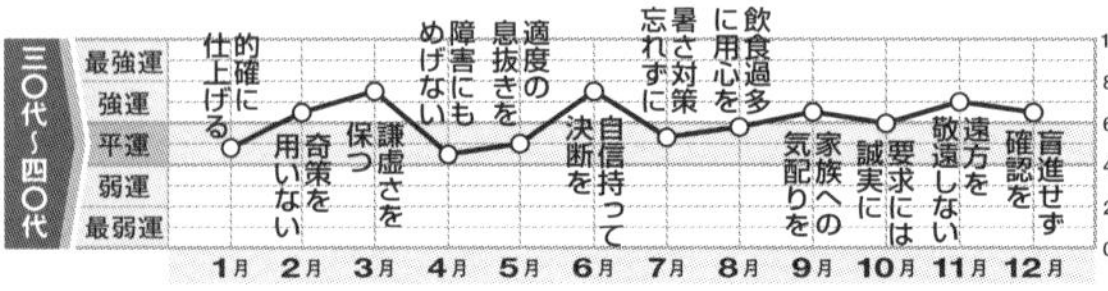

●本年あなたの本命星である九紫火星は坤宮《こんきゅう》に回座します。この坤宮には勤勉、労働という象意《しょうい》があります。ですから真面目に働こうという意欲がこの年には強くなります。過程を大事にするのをモットーに進めていくのが良策なのです。忍耐を意識して一歩ずつ確実に成し遂げていくと好結果を得られるでしょう。途中経過を疎かにして一足飛びに結論へと向かおうとするのは失敗のもとです。

●人間関係も地味ながら良好な状態を維持することが比較的楽な時です。相手を立てる気持ちが大切です。相手を立てることで自分自身も認められ、動きやすい環境を維持することができます。家庭を大事にする気持ちも強くなりますので、この期を大事に過ごして家庭円満を築きましょう。

●人からの恩恵を受けることがあります。受けた恩はいつかどんな形にしても返そうと考えると、自らの人生が好転していきます。

適職

政治家、税理士、会計士、裁判官、警察官、学者、文筆業、証券業、美術工芸商、鑑定士、美容師、タレント、モデル、レポーター、シナリオライター、アーチスト等

年齢別１年間の運勢指針

年齢	生年	運勢
6歳	平成30年 戊戌	独断偏見で物事を判断しないように指導をしましょう。コツコツと勤勉に取り組む方向に誘導しましょう。
15歳	平成21年 己丑	周囲の人と交流するようにしましょう。そうして視野を広げていくことが、勉強に劣らず大切なことです。
24歳	平成12年 庚辰	自尊心を良い方向へ向け、社会に役立つ活動をしましょう。人を導いていくことも巧みにできる人です。
33歳	平成3年 辛未	自分の目標を失わずに広い視野を持って前進していきましょう。
42歳	昭和57年 壬戌	飛躍へのチャンスの年と捉えて精進していくのが良いです。今年は手堅く推し進めていくのが吉策です。
51歳	昭和48年 癸丑	今まで通り着実に物事を進めていけば、無難に過ごせます。現状を維持する気持ちで推進するのが吉策です。
60歳	昭和39年 甲辰	本年が思惑通りに進まないとしても、焦らず今まで通りの方針で万事に沈着冷静な対応をしていきましょう。
69歳	昭和30年 乙未	焦点を一つに絞って集中を。体調を崩しやすい時を迎えています。胃腸系統の疾患に気を付けましょう。
78歳	昭和21年 丙戌	消極的になると健康にも悪影響を及ぼします。前向きに事に当たるほうが、健康体でいられるでしょう。
87歳	昭和12年 丁丑	進んで人の輪に入っていきましょう。積極的に入っていけば、周囲も快く受け入れてくれます。
96歳	昭和3年 戊辰	最晩年は比較的安泰の生活が約束されています。後進の話を聞いてあげると、社会貢献にもなるものです。
105歳	大正8年 己未	思慮分別があるあなたです。さらに元気な姿を見せることが、周囲に幸せを分けることになります。

●今年の健康運

健康運のキーワードは「消化器系統に警戒を」です。暴飲暴食などはもっての外です。食べ物の内容にも注意を払ってください。梅雨時や夏場の食中毒に気を付けましょう。面倒なのは、心労なのか無気力症なのか素人では判別が難しいときです。異常に食欲が増す、逆に食欲不振に陥ったときは、専門医に相談をしてみましょう。

●今年の金銭運

手堅く働いてお金を貯めようという意欲が湧いてきます。忍耐や継続が苦手なあなたです。期限や目的を絞って進めていくのが有効です。目的がはっきりしているときのあなたは素晴らしい能力を発揮し、それに向かって邁進できる人です。本年は大金にはならないけれどコツコツと稼いで貯める時期に相応しい年です。

●今年の恋愛運

今年出会う人は、地味でも誠実な人かもしれません。あなたが男性なら、年上の女性に巡り合う可能性が大きいです。姉さん女房タイプの女性です。あなたが女性なら、無口だけれど家庭を大事に考える男性に巡り合うでしょう。好き嫌いが多く、はっきりした異性の好みを持つあなたです。相手を観察する時は広角的に判断する習慣を付けておきましょう。

一月　運勢

一月六日小寒の節より
月命乙丑　六白金星の月
暗剣殺　西北の方位

華やかな気分の月です。気持ちを引き締めていきましょう。改革をしたくなる気持ちが大きく、計画もそんな気持ちを反映したものになりそうです。実力を過大評価せず、実質本位の計画を立てましょう。小さくても成功体験を味わえることが重要です。小さな成功が集まって初めて大きな成功をつかむことができます。

●一月の方位

今月の吉方位	大吉→東 吉→北、庚、辛
1月の幸運数	2、4、9
幸運色	オレンジ

●吉日と注意日

1 月	2 火	3 水	4 木	5 金	6 土	7 日	8 月	9 火	10 水	11 木	12 金	13 土	14 日	15 月	16 火
◎	○	△	▲	○	△	△	◎	○	◎	○	△	▲	○	△	△
17 水	18 木	19 金	20 土	21 日	22 月	23 火	24 水	25 木	26 金	27 土	28 日	29 月	30 火	31 水	
◎	○	◎	○	△	▲	○	△	△	◎	○	◎	○	△	▲	

二月　運勢

二月四日立春の節より
月命丙寅　五黄土星の月
暗剣殺　なし

アイディアや企画力を生かし、斬新な発想で発展できる時。中途挫折に陥らないように目標を明確にすることはもちろん、気分転換をうまく入れて活動しましょう。仲間と組んで仕事をするのが効果的です。堅実に推し進めるのが賢明です。

流行にもアンテナを張り、いち早く取り入れるように努力しましょう。

●二月の方位

今月の吉方位	大吉→東南 吉→東北、未、坤
2月の幸運数	2、8、0
幸運色	レッド

●吉日と注意日

1 木	2 金	3 土	4 日	5 月	6 火	7 水	8 木	9 金	10 土	11 日	12 月	13 火	14 水	15 木	16 金
○	△	△	◎	○	◎	○	△	▲	○	△	△	◎	○	◎	○
17 土	18 日	19 月	20 火	21 水	22 木	23 金	24 土	25 日	26 月	27 火	28 水	29 木			
△	▲	○	△	△	◎	○	◎	○	△	▲	○	△			

三月　運勢

三月五日啓蟄の節より
月命丁卯　四緑木星の月
暗剣殺　東南の方位

運気が急速に衰えます。自分の殻に閉じこもり、自説にこだわるようになります。さらに自己の中に埋没するようになってしまいます。こんな時こそ人と交わり、意見交換をしましょう。気持ちが広がり、謙虚に物を考えられます。

小事にこだわらず、将来を見据えての実力を養うことも忘れないでいましょう。

●三月の方位

今月の吉方位	なし
3月の幸運数	5、7、0
幸運色	グレー

●吉日と注意日

1 金	2 土	3 日	4 月	5 火	6 水	7 木	8 金	9 土	10 日	11 月	12 火	13 水	14 木	15 金	16 土
△	◎	○	◎	○	△	▲	○	△	△	◎	○	◎	○	△	▲
17 日	18 月	19 火	20 水	21 木	22 金	23 土	24 日	25 月	26 火	27 水	28 木	29 金	30 土	31 日	
○	△	△	◎	○	◎	○	△	▲	○	△	△	◎	○	◎	

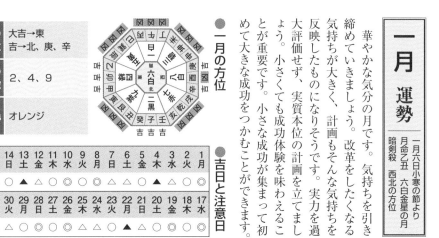

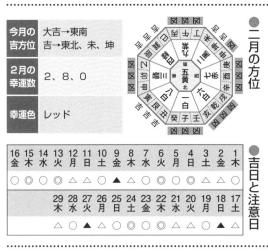

四月 運勢

四月四日清明の節より
月命戊辰　三碧木星の月
暗剣殺　東の方位

仕事に真剣に取り組む姿勢を崩さずに粘り強くいきましょう。新規の企画は斬新な発想が好評を得られます。得意分野なら一層実績を出せる時です。

情報を手に入れたら素早く自己分析をして、有効なものを取り入れるようにしましょう。進む方向性が決まったら脇目をせずに邁進しましょう。

四月の方位

今月の吉方位	大吉→亥、乾 吉→北、東南
4月の幸運数	2、3、7
幸運色	パープル

吉日と注意日

1月	2火	3水	4木	5金	6土	7日	8月	9火	10水	11木	12金	13土	14日	15月	16火
○	△	▲	○	△	△	◎	○	◎	○	△	▲	○	△	△	◎
17水	18木	19金	20土	21日	22月	23火	24水	25木	26金	27土	28日	29月	30火		
○	◎	○	△	▲	○	△	△	◎	○	◎	○	△	▲		

五月 運勢

五月五日立夏の節より
月命己巳　二黒土星の月
暗剣殺　西南の方位

活況を呈してきますが、油断せず緊張感を保ち物事を進めていきましょう。仕事を完遂させる気持ちを強くすると、成果も着実に上がります。複数のことを同時に手掛けたくなる時ですが、一つを完成させることを主眼にしましょう。複数を手掛けると混乱を招き、些細なことから失敗を招く危険性があります。

五月の方位

今月の吉方位	大吉→乾
5月の幸運数	1、6、9
幸運色	ホワイト

吉日と注意日

1水	2木	3金	4土	5日	6月	7火	8水	9木	10金	11土	12日	13月	14火	15水	16木
○	△	△	◎	○	◎	○	△	▲	○	△	△	◎	○	◎	○
17金	18土	19日	20月	21火	22水	23木	24金	25土	26日	27月	28火	29水	30木	31金	
△	▲	○	△	△	◎	○	◎	○	△	▲	○	△	△	◎	

六月 運勢

六月五日芒種の節より
月命庚午　一白水星の月
暗剣殺　北の方位

相手の立場を尊重しながら進めれば順調に行きます。決して急がないことです。ゆったりした気持ちで、一つ一つの過程を確認しながらの進行が理想的です。論理が正しくても情理を欠いた方策は相手が敬遠してしまいます。目的のためなら手段を選ばない方策は、一時的には成功しても長続きはしません。

六月の方位

今月の吉方位	大吉→東北
6月の幸運数	5、8、0
幸運色	イエロー

吉日と注意日

1土	2日	3月	4火	5水	6木	7金	8土	9日	10月	11火	12水	13木	14金	15土	16日
○	◎	○	△	▲	○	△	△	◎	○	◎	○	△	▲	○	△
17月	18火	19水	20木	21金	22土	23日	24月	25火	26水	27木	28金	29土	30日		
△	◎	○	◎	○	△	▲	○	△	△	◎	○	○	◎		

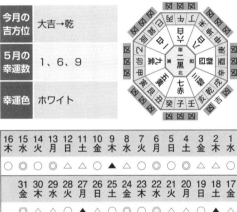

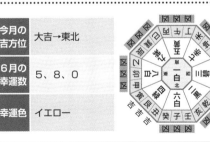

七月　運勢

七月六日小暑の節より
月命辛未　九紫火星の月
暗剣殺　南の方位

重責を担うことがあります。敬遠するのではなく喜んで受けてみましょう。人生には順番というものがあります。そのような役割を担う順番が来たのだと考えて、全力を尽くしましょう。培ってきた経験をフル活用し、わからないところは経験者に聞きましょう。自己信念を曲げず前向きに遂行するのが良いです。

七月の方位

今月の吉方位	大吉→寅、艮 吉→東南
7月の幸運数	3、4、8
幸運色	グリーン

吉日と注意日

16火	15月	14日	13土	12金	11木	10水	9火	8月	7日	6土	5金	4木	3水	2火	1月
◎	○	△	▲	○	△	△	◎	○	◎	○	△	▲	○	△	△
	31水	30火	29月	28日	27土	26金	25木	24水	23火	22月	21日	20土	19金	18木	17水
	▲	○	△	△	◎	○	◎	○	△	▲	○	△	△	◎	○

八月　運勢

八月七日立秋の節より
月命壬申　八白土星の月
暗剣殺　東北の方位

好調月が続きます。遠方からの依頼も入ってきます。効率を考えて手順を事前に考えておきましょう。将来への基礎を築くのにも良い時です。確実に仕上げることと経験値を蓄積する意識も大切にしましょう。決断の時を間違えないようにしましょう。物事の始まりは大切です。問題解決はスピーディーにしましょう。

八月の方位

今月の吉方位	大吉→南、北
8月の幸運数	3、5、8
幸運色	ブルー

吉日と注意日

16金	15木	14水	13火	12月	11日	10土	9金	8木	7水	6火	5月	4日	3土	2金	1木
△	△	◎	○	◎	○	△	▲	○	△	△	◎	○	◎	○	△
	31土	30金	29木	28水	27火	26月	25日	24土	23金	22木	21水	20火	19月	18日	17土
	○	◎	○	△	▲	○	△	△	◎	○	◎	○	△	▲	○

九月　運勢

九月七日白露の節より
月命癸酉　七赤金星の月
暗剣殺　西の方位

今月は金銭の扱いに十分気を付けてください。思わぬ出費や損失に悩まされることがあります。損失を極力小さくするには、事前の心構えが役立つものです。時運が味方してくれない時なので、まとまりかけていた契約が破談になるという不運が起きることもあります。希望を捨てなければチャンスは巡ってきます。

九月の方位

今月の吉方位	大吉→西南、北 吉→南、亥、乾
9月の幸運数	4、5、6
幸運色	ゴールド

吉日と注意日

16月	15日	14土	13金	12木	11水	10火	9月	8日	7土	6金	5木	4水	3火	2月	1日
○	△	▲	○	△	△	◎	○	◎	○	△	▲	○	△	△	◎
		30月	29日	28土	27金	26木	25水	24火	23月	22日	21土	20金	19木	18水	17火
		△	△	◎	○	◎	○	△	▲	○	△	△	◎	○	◎

十月 運勢

十月八日寒露の節より
月命甲戌　六白金星の月
暗剣殺　西北の方位

多忙な月になります。期待に応えようと背伸びをしないことです。等身大の自分を出して全力を尽くして、結果にはこだわらないことです。窮地に立たされた時は先輩や目上の人のアドバイスをよく聞いて是正していけば良いです。

頑張って疲労を溜めないことも大事です。適度の休養を入れましょう。

●十月の方位

今月の吉方位	吉→北
10月の幸運数	1、4、9
幸運色	チャコールグレー

●吉日と注意日

1火	2水	3木	4金	5土	6日	7月	8火	9水	10木	11金	12土	13日	14月	15火	16水
○	▲	△	○	◎	○	◎	△	△	○	▲	△	○	◎	○	◎

17木	18金	19土	20日	21月	22火	23水	24木	25金	26土	27日	28月	29火	30水	31木
△	△	○	▲	△	○	◎	○	◎	△	△	○	▲	△	○

十一月 運勢

十一月七日立冬の節より
月命乙亥　五黄土星の月
暗剣殺　なし

能力を発揮できる時ですが、注意力が散漫にならないように注意をしましょう。遊興の誘いが多くなるので、仕事と遊びの時間を区別する習慣を守りましょう。中途半端な妥協をして仕事の完成度を低くしては、信用を失くしてしまいます。

確信の持てないことには手を染めないようにするのが賢明です。

●十一月の方位

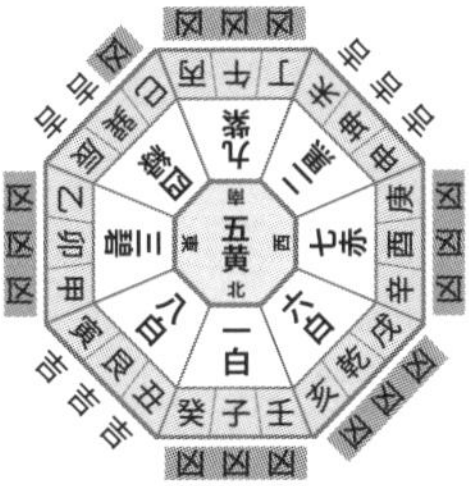

今月の吉方位	大吉→辰、巽 吉→東北、西南
11月の幸運数	2、4、9
幸運色	ワインレッド

●吉日と注意日

1金	2土	3日	4月	5火	6水	7木	8金	9土	10日	11月	12火	13水	14木	15金	16土
◎	○	◎	△	△	○	▲	△	○	◎	○	◎	△	△	○	▲

17日	18月	19火	20水	21木	22金	23土	24日	25月	26火	27水	28木	29金	30土
△	○	◎	○	◎	○	△	○	▲	△	○	◎	○	◎

十二月 運勢

十二月七日大雪の節より
月命丙子　四緑木星の月
暗剣殺　東南の方位

運気が弱っているところに災難が降りかかってくるようなツキのない十二月になります。万事に消極策をとり、現状維持に努めるのが最善策です。来期に繰越しても大丈夫という案件については無理せず来期に回しましょう。迷いを抱いたままではうまくいきません。思い切って来期に回して無理をしないのが吉です。

●十二月の方位

今月の吉方位	なし
12月の幸運数	5、6、7
幸運色	ブラック

●吉日と注意日

1日	2月	3火	4水	5木	6金	7土	8日	9月	10火	11水	12木	13金	14土	15日	16月
△	△	○	▲	△	○	◎	○	◎	△	△	○	▲	△	○	◎

17火	18水	19木	20金	21土	22日	23月	24火	25水	26木	27金	28土	29日	30月	31火
○	◎	△	△	○	▲	△	○	◎	◎	○	△	▲	○	△

相性を判断する

九星による相性は、一白水星から九紫火星までの九星の五行、木・火・土・金・水の相生・相剋によって決められます。

また十二支にも相性の吉凶があります。したがって九星、十二支双方から見ての相性が吉であれば申し分ありません。

●九星による女性から見た大・中吉の男性

	大吉	中吉
一白生まれ	六白・七赤	一白・三碧・四緑
二黒生まれ	九紫	五黄・八白・六白・七赤・二黒
三碧生まれ	一白	九紫・四緑・三碧
四緑生まれ	一白	九紫・三碧・四緑
五黄生まれ	九紫	六白・七赤・八白・二黒・五黄
六白生まれ	二黒・五黄・八白	一白・七赤・六白
七赤生まれ	二黒・五黄・八白	一白・七赤・六白
八白生まれ	九紫	二黒・五黄・六白・七赤・八白
九紫生まれ	三碧・四緑	二黒・五黄・八白・九紫

●九星による男性から見た大・中吉の女性

	大吉	中吉
一白生まれ	三碧・四緑	六白・七赤・一白
二黒生まれ	六白・七赤	二黒・五黄・八白・九紫
三碧生まれ	九紫	一白・四緑・三碧
四緑生まれ	九紫	一白・三碧・四緑
五黄生まれ	六白・七赤	二黒・八白・九紫・五黄
六白生まれ	一白	二黒・五黄・八白・七赤・六白
七赤生まれ	一白	二黒・五黄・八白・六白・七赤
八白生まれ	六白・七赤	二黒・五黄・九紫・八白
九紫生まれ	二黒・五黄・八白	三碧・四緑・九紫

●十二支による男女の相性

子年生まれ	申・辰・丑年の人が吉
丑年生まれ	巳・酉・子年の人が吉
寅年生まれ	午・戌・亥年の人が吉
卯年生まれ	亥・未・戌年の人が吉
辰年生まれ	申・子・酉年の人が吉
巳年生まれ	酉・丑・申年の人が吉
午年生まれ	寅・戌・未年の人が吉
未年生まれ	亥・卯・午年の人が吉
申年生まれ	子・辰・巳年の人が吉
酉年生まれ	巳・丑・辰年の人が吉
戌年生まれ	寅・午・卯年の人が吉
亥年生まれ	卯・未・寅年の人が吉

人相の見方

人相は、骨相・顔相（面相）・体相に分けられ、人の性格、病気（健康状態）、職業、運気などを判断することができます。現在では顔相のことを人相と呼ぶことが多くなっています。

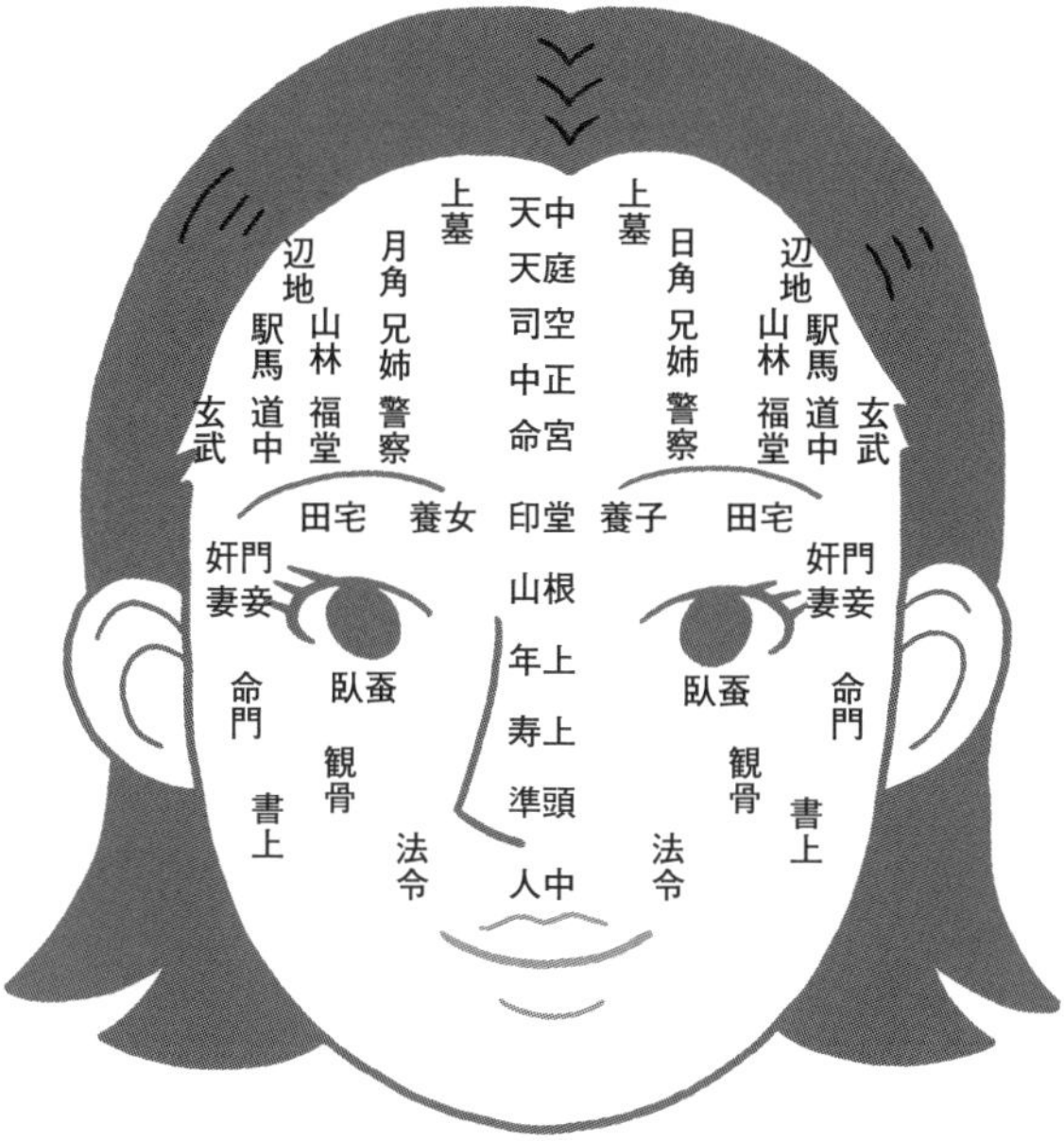

天中《てんちゅう》　神の主座であって、信仰心の表れるところ。物事すべてにおいて正直な心で接すると、美色が出て、一家安泰となる。

天庭《てんてい》**、司空**《しくう》　政府、裁判所、公儀に関することを見るところ。正しい行ないをしていれば万事が都合よく運ぶ。紅潤色か淡い黄色があれば、なお良好。

中正《ちゅうせい》**、命宮**《めいきゅう》**、印堂**《いんどう》　すべて望み事を見る。これらの部位に、つやのある明るい色や新芽のような輝きのある色があれば、望み事が早くかなう。

養子《ようし》**、養女**《ようじょ》　子供のない家庭に他家からの縁談がある場合、この部分がつやのあるよい血色（紅潤色か淡い黄色）だと良縁になる。

警察《けいさつ》　警察に関することを見る。この部位に美色が出ると、協力事などで表彰されることがある。

福堂《ふくどう》　数学の出来不出来を見る部位。美色が出ると手に入れた金銭が身について豊かになる。

駅馬《えきば》**、道中**《どうちゅう》　引っ越し、旅行に関することを見る。普段の色合いの時、あるいはつやのある時は、引っ越し、旅行とも実行して差し障りない。

玄武《げんぶ》　キズなどがなければ、盗難や災厄に遭った時に被害が少ない。また、被害品が手元に戻る。

山林《さんりん》　田畑、土地を見る。切りキズなどをつけないように気を付ける。

手相の見方

人間の過去、現在、未来の運命はすべて手相に表れているといわれます。手相学には、手型による性格判断と掌線による運命判断という二つの部門があります。

手相を見る方法としては、いわゆる利き手に重点を置き、左右両手の特徴を見ながら柔軟に判断していきます。

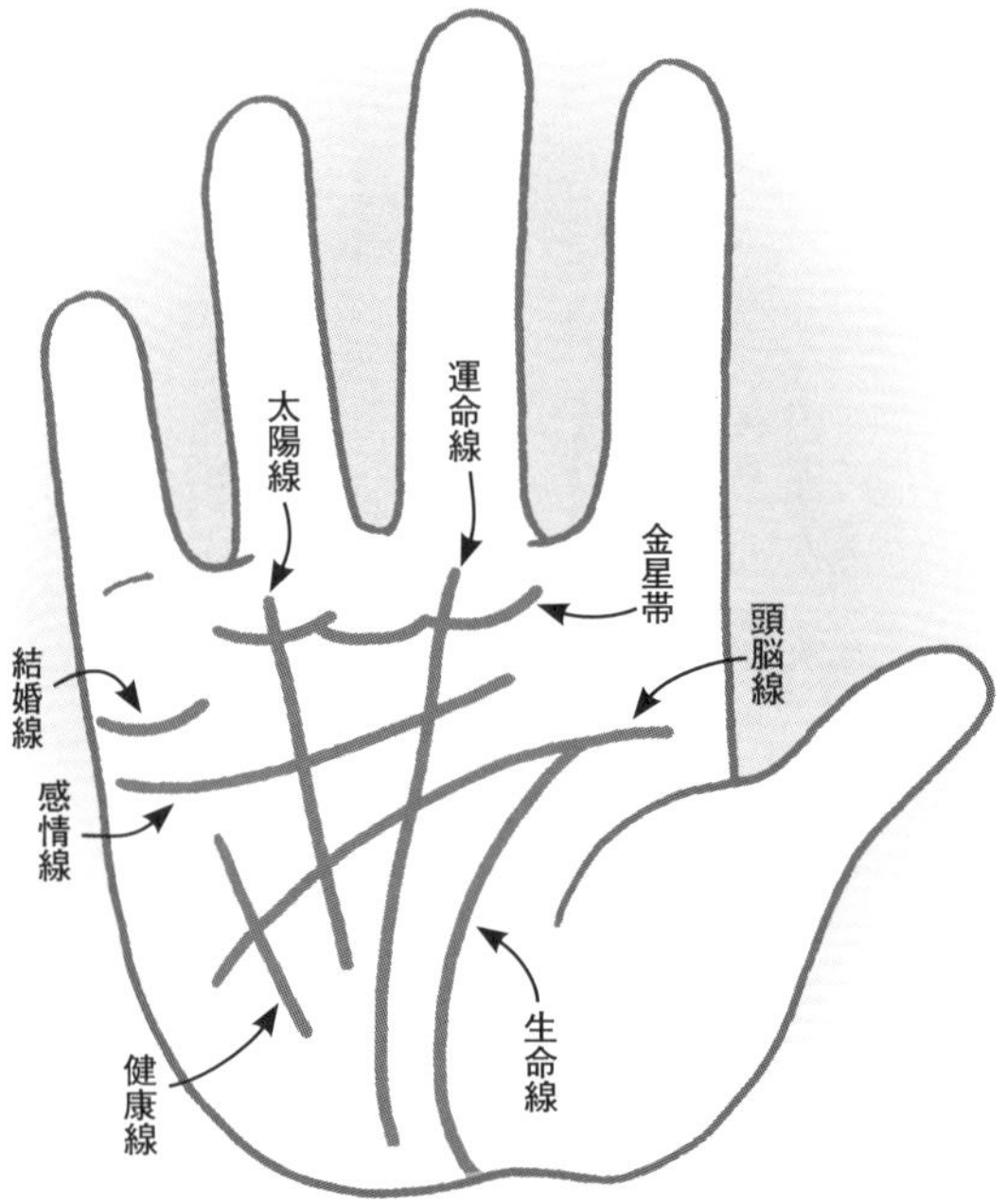

生命線

寿命の長短や健康状態を示すもので、三大重要線の一つです。太く、深く、長くはっきりと伸びていて、途中に乱れや切れ目がなく、美しい淡紅色を最上とします。この相の人は健全な生活力をもって無事に長生きする人です。

生命線の短い人は、原則として短命とみますが、他に良好な線がある時は、その限りではありません。

頭脳線

その人の能力や頭脳の働きを示します。知恵、判断力、直感力、才能、知能の働きを示し、生活力にも大きな影響を与えます。切れ目がなくはっきりした線は、他の線の悪いところをある程度補います。

感情線

その人の感情や家庭運、結婚運を表す重要な線です。別名「愛情線」とも呼ばれます。社会で生活していくうえで最も大切な横の絆、愛情を示し、深く明瞭に刻まれて、乱れがないのを良相とします。

運命線

手首の上から中指のつけ根へ、太くまっすぐに力強く走っているのが吉相です。主要三大線（生命線・頭脳線・感情線）が良好な状態を示していれば、最上の相です。運命線と主要三大線が整った吉相の持ち主は、「智情意」に恵まれ、力強い発展力と実行力によって、その運命は、素晴らしい上昇を続けます。

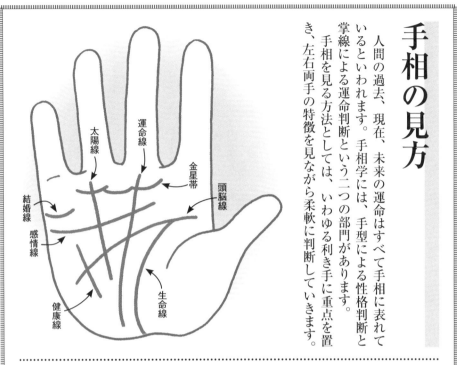

厄年の知識

●厄年の歴史

平安時代の「宇津保物語」「源氏物語」「栄華物語」、江戸時代の百科事典といわれる「和漢三才図会」などに載っている「厄年」は、七歳、十六歳、二十五歳、三十四歳、四十三歳、五十二歳、六十一歳です。

明治以降になって定着した「厄年」は、男性二十五歳、四十二歳、女性十九歳、三十三歳となっていて、今でも通念になっています。

厄年の発生は、中国古代の陰陽道に基づいたといわれていますが、その根拠は明確にされていません。しかし当時はもちろん、その後の長い年月にわたって、厄年は大きな影響を人間生活に与え、今日でもある意味では科学的事実といえます。

現在の「厄年」は、数え歳で男性四十二歳、女性三十三歳の大厄を指すのが一般的です。

●前厄・本厄・後厄

方位気学は、本命星が坎宮に回座した年を、運気停滞して多事多難、衰極の凶運年としています。つまり、「厄年」です。厄年とは「天運味方せず」の時であり、仕事、事業、商売上のことも個人的な悩み事も多発する傾向となります。特に、病魔潜入の暗示があり、健康管理が極めて大事です。

坎宮回座の前年は、本命星が離宮に回座し、吉凶交互、運気不順、いわば衰運に向かっていく年で、これが前厄です。また、坎宮回座の翌年は、本命星が坤宮に回座して、前年までの停滞運気の延長線上にあり、これが後厄となります。

つまり、前厄・本厄・後厄三年間の処し方に誤りがあってはいけないのです。慎重さと「他力本願」の方針が無事安泰の鍵となります。長年の体験からみても、相談にみえる多くの方々の実例の中に、適合する事例のなんと多いことかと驚いているのが実情です。

家相

家相八方位吉凶一覧

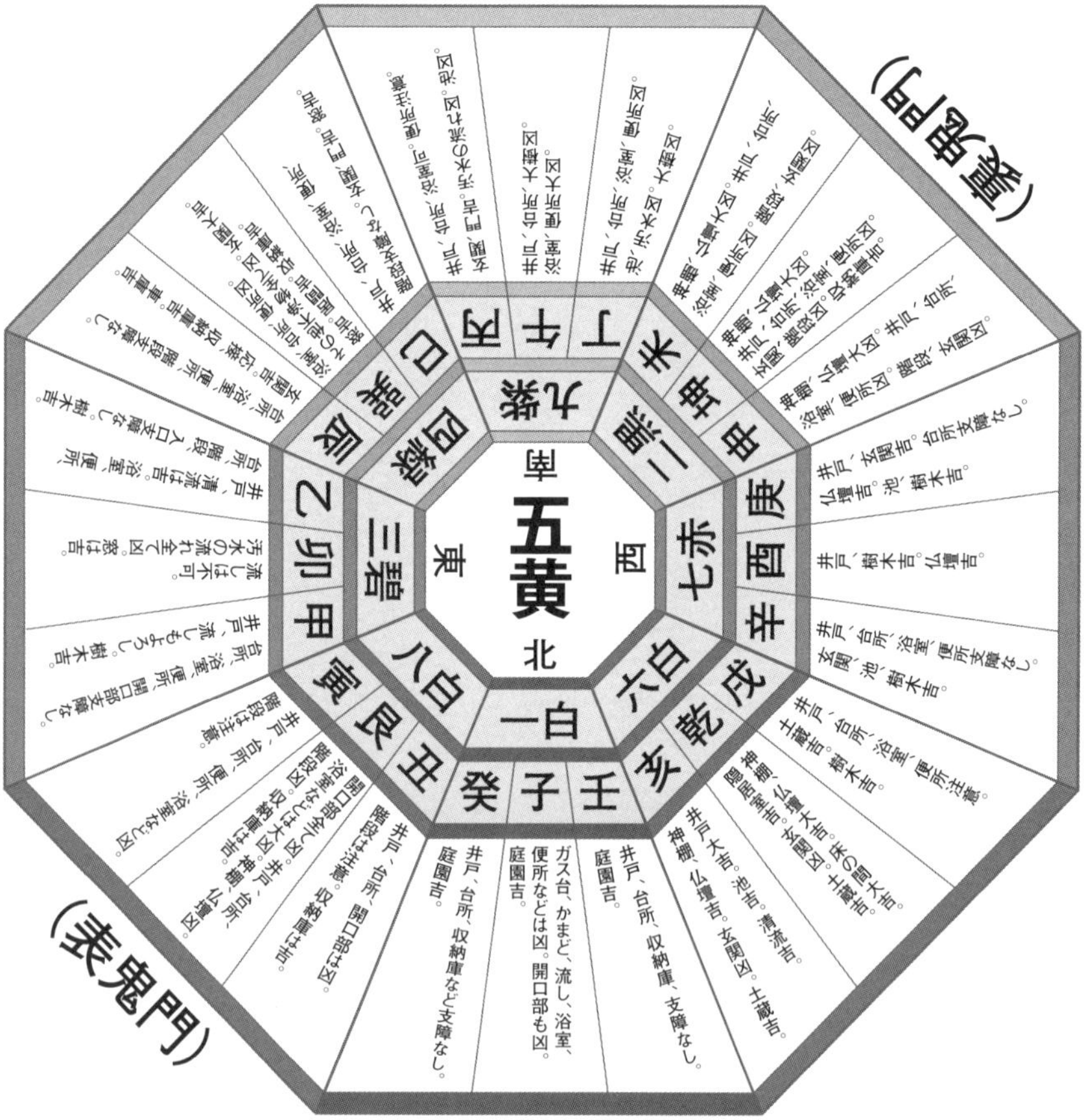

家相盤の用い方

右ページの図が土地、家宅の吉凶を鑑定するのに用いる「家相盤」です。方位をわかりやすく示すために360度を八方位に分け、それぞれを45度とし、それをさらに十干、十二支に分けて15度ずつとし、二十四方位に分割しています。通常、これを二十四山《にじゅうしざん》と称しています。

八方位は易の八卦からきたもので、東・西・南・北の四正《しせい》と、東南・西南・西北・東北の四隅《しぐう》を合わせたものです。

家相盤の用い方は、家の中央となるところに磁石を置き、東西南北を定めます。そして図の線をまっすぐ伸ばした線と線の間にある事物と、盤の中に記されている説明とを対比して、吉凶を鑑定してください。

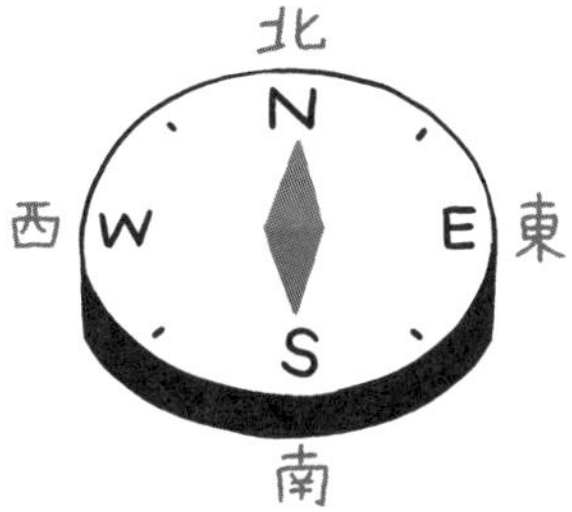

また、古《いにしえ》より八方位に割りあてた吉凶禍福の法則がありますので、次にこれを記します。八方位の法則と二十四山の吉凶を加味して鑑定すれば、家相・土地の吉凶を判断するうえで参考になります。

●八方位の吉凶禍福の法則

東方……万物が発生するところの方位ですから、この方位にあたると、家が富み、子孫も繁栄します。

東南方…陽気が訪れるといわれる方位です。万事活躍の方位で、主として産業盛衰の問題に関係します。

南方……極陽になりますので、万事を育成する方位です。この方位の用い方が正しければ子孫長久です。

西南方…極陽発陰のところで、陰気が盛んに物に逆らい、障りの多い方位です。俗に裏鬼門といって、最も注意を要する方位です。

西方……百物を収穫する徳のある方位ですが、一面には秋風が草木を枯らすという気もあって、これに反した場合は資産も失うといいます。

西北方…天の徳の広大という方位にあたり、万物生成の根本となり、一切の貴福をつかさどる大切な方位です。

北方……一陽来復の気にあたり、最も高貴な方位ですから、その道にかなっていれば、非常な幸福を得ることができます。

東北方…俗に鬼門といわれる方位にあたり、生滅二気の中心にあたるため百害の気も多く、主として病難や相続についての問題に見舞われます。

●家相について

家相については、気学によるところの五行（木・火・土・金・水）によって割り振られた方角と、それに対する諸設備との相性によって吉凶を判断し、そこに住む人の吉凶を占います。家はそこに住む人を、風・雨など自然から守るものです。それゆえに、その気候・風土と密接な関係があります。地相では東に青龍として川、西に白虎として道、南に朱雀として平地、北に玄武として丘がある土地を最上といっています。「田地善ければ苗能く茂り、家宅吉相なれば家運栄ゆ」とあります。地相・家相といっても難しいものではありません。自然の法則により我々人間の生活を守り、豊かにしようとするものに他なりません。故に、吉相の土地で吉相の建物に住居すれば、自然の恵みを受け、発展、幸せになるのです。

人間には持って生まれた運命としての先天運と、自分自身の努力や出会った人からの影響で開かれる後天運とがあります。この二つの運気は切り離すことはできません。先天運で恵まれた人でも怠惰であったり、甘えがあったりすれば、せっかくの運気を生かすことはできません。また先天運に弱点のある人でも、それを補うように努力をすれば、仮に逆境にあってもそれを乗り切り、良い運気を掘り起こすことができます。ですから、どんなに良い地相・家相の家に住んでいても、住人が正しくなければ無効です。地・宅と人の気の両方が互いに寄り合って幸せを招くものです。運法は〝地の利は人の和に及ばず〟といっていますが、その人の行いも大切でしょう。

地相・家相が完全に良い家に住んでいれば、自分はいかに悪い行いをしていても、いつも家族がそろって健康で幸福に暮らせると思うのは間違った考え方で、良い土地・良い家に住んで、そして良い行いをしてこそ、真の幸福が得られるのです。さらに、家相上の欠点を指摘されても気にせず、凶相の家に住み続ける人もいます。また、改築や移転によって凶運気を避け、新しい吉運気を開く人もいます。家相を理解し、それを活用することができるかどうかもまた、その人の持つ運気のせいといえるのかも知れません。

家相の吉凶は、その家に住む人との関係によって左右されるということは前述しましたが、それは地相と家相の関係にもいえることです。狭義の家相は、家屋という建物によって吉凶を占いますが、広義の家相はその家の建っている敷地の相、すなわち地相も含んでいます。ですから家相が良いか悪いかは、どのような土地にどのような家が建てられているのか、その家はどのような形か、また部屋の位置、設備その他がどうなっているかといったことから判断します。地相といっても難しく考えることはないのです。現代風に直せば、立地条件といってもよいでしょう。

張り欠けについて

張りとは一部が張り出しているところ、欠けとは一部がへこんでいるところをいいます。基本的にある程度の張りは吉、欠けは凶とみます。張り・欠けの形態は種々の場合があり、その細かい説明は複雑なものになりますので、一応原則としての考え方についてのみ記します。

わかりやすい数字を挙げて説明しますと、張り欠け共に三分の一というのがその基準となります。

建物の一辺の長さの三分の二以内がへこんでいる場合は〝欠け〟とみなし、反対に建物の三分の一以内の長さが出っ張っているものを〝張り〟とみなします。

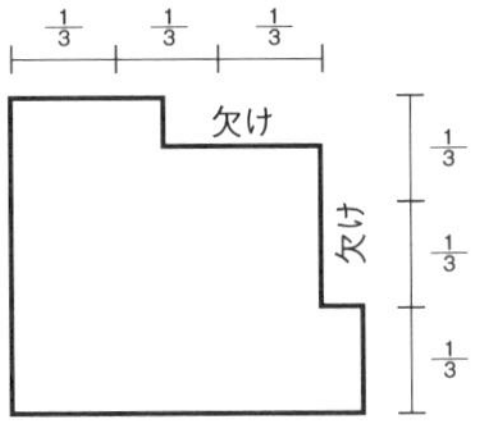

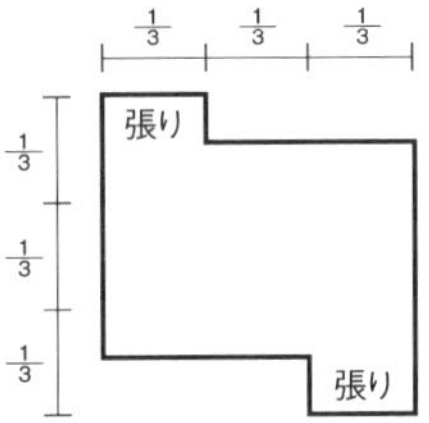

三所三備について

家相では「三所《さんしょ》」と「三備《さんび》」に重点を置いています。三所とは東北方（鬼門）、西南方（裏鬼門）及び中央の三ヵ所を指し、三備とは便所、かまど、井戸（あるいは浴室）の三つの設備を指します。三所は陰気、不潔になることを忌むとします。三備は日常生活に最も大切なところですから、これらの配置や施設を完全にしましょう。

神棚・仏壇の方位について

現在では神棚がほとんどですが、「神間」を設けるのが正式です。神棚は家の中央を避け、高い位置に設けますが、その下を人が通れるような場所は凶とされています。また、他に適当な場所がなく、二階が座敷や押入れの場合は、神棚の天井へ「雲」と書いた紙を貼ります。

■神棚の方位

北に設けて南向きは吉。

西北に設けて東南向き、南向き、東向きは吉。

東北、西南の方位は、その方に設けても、向けても凶。

■仏壇の方位

仏壇は宗派によってそれぞれ宗旨に合ったものを適切な位置に設けなければなりません。

西北に設けて東南に向けるのは吉。

西に設けて東に向けるのは吉。

北に設けて南向き、西向きは吉。

東に設けて西向き、南向きは吉、北向きは凶。

東北、西南の方位は、その方に設けても、向けても凶。

毎日の株式相場高低判断　十干十二支

きのえ	ね	急騰暗示
きのと	うし	利食い千人力
ひのえ	とら	買い出動
ひのと	う	人気にならない
つちのえ	たつ	乱高下注意
つちのと	み	買うところ
かのえ	うま	暴落予告
かのと	ひつじ	ガラガラ落ちる
みずのえ	さる	上下に小動き
みずのと	とり	まだまだ上がる
きのえ	いぬ	だまって買う
きのと	い	買いチャンス
ひのえ	ね	恐いが買う
ひのと	うし	目つむって買う
つちのえ	とら	ジリ貧
つちのと	う	ここからジリ高
かのえ	たつ	見切って乗り換え
かのと	み	下押しする
みずのえ	うま	大下落の危険
みずのと	ひつじ	整理場面
きのえ	さる	買ってよし
きのと	とり	売り準備
ひのえ	いぬ	見送る
ひのと	い	軟弱
つちのえ	ね	当分相場なし
つちのと	うし	泥沼　見切る
かのえ	とら	にわかに急騰
かのと	う	売るところ
みずのえ	たつ	売り待ちに戻りなし
みずのと	み	買い場近し
きのえ	うま	戻り売り
きのと	ひつじ	小動きに終始
ひのえ	さる	見送る
ひのと	とり	売りに利あり
つちのえ	いぬ	休むも相場
つちのと	い	買うところ
かのえ	ね	なりゆき買い
かのと	うし	買い方堅持
みずのえ	とら	買いひとすじ
みずのと	う	買いに利あり
きのえ	たつ	買い安心
きのと	み	買い一貫
ひのえ	うま	高値追い注意
ひのと	ひつじ	買って大利
つちのえ	さる	往来相場
つちのと	とり	急騰予告
かのえ	いぬ	弱きに推移
かのと	い	大相場の序曲
みずのえ	ね	もちあい
みずのと	うし	模様ながめ
きのえ	とら	売り一貫
きのと	う	中段もみあい
ひのえ	たつ	反発急騰あり
ひのと	み	売りは急ぐ
つちのえ	うま	強気を通せ
つちのと	ひつじ	動かない
かのえ	さる	意外高あり
かのと	とり	動きなし
みずのえ	いぬ	押し目買い
みずのと	い	もちあいばなれ

三土の年の調べ方

人生にはいろいろな変化があります。良いほうに向かっている時は良いのですが、悪い時にはなぜだろうと悩むことでしょう。

去年まで万事順調に効果的な動き方をしていたのに、今年は初めから物事につまずき通しで、厄病神にでもつかれたのではないかと悩むことがあります。反対に、思いもかけない抜擢を受けて昇進したり、大儲けをすることもあるでしょう。なぜこのようになるのでしょうか。

下の八角形の図を見てください。

八方に分けた所に中央を加えた九つの場所に、それぞれ一歳から百歳までの年齢（数え歳）が記されています。そして、艮《ごん》（丑寅《うしとら》）、中央（中宮）、坤《こん》（未申《ひつじさる》）の三方を貫く斜線があります。この線上にある場所を傾斜宮（三《さん》土《と》）と呼び、土星がつかさどります。この三土に入った年は、運命的に変化が起こる年といわれ、悪くも良くもなるものなのです。

土は万物を変化させる性質を持っています。気学では、土性宮に入る人は、土性により運命の変化をもたらされる年となるとされています。

この土性の年に、作家の太宰治氏が玉川上水に入水自殺（四十歳）、国鉄総裁の下山定則氏が事故死（四十九歳）など、実例は枚挙にいとまがありません。

現在のように情勢変化の激しい時代を泳ぎきるには、運命の変化を先取りして凶運を吉運に切り替える方法を考え、万全を期すことが望ましいのです。

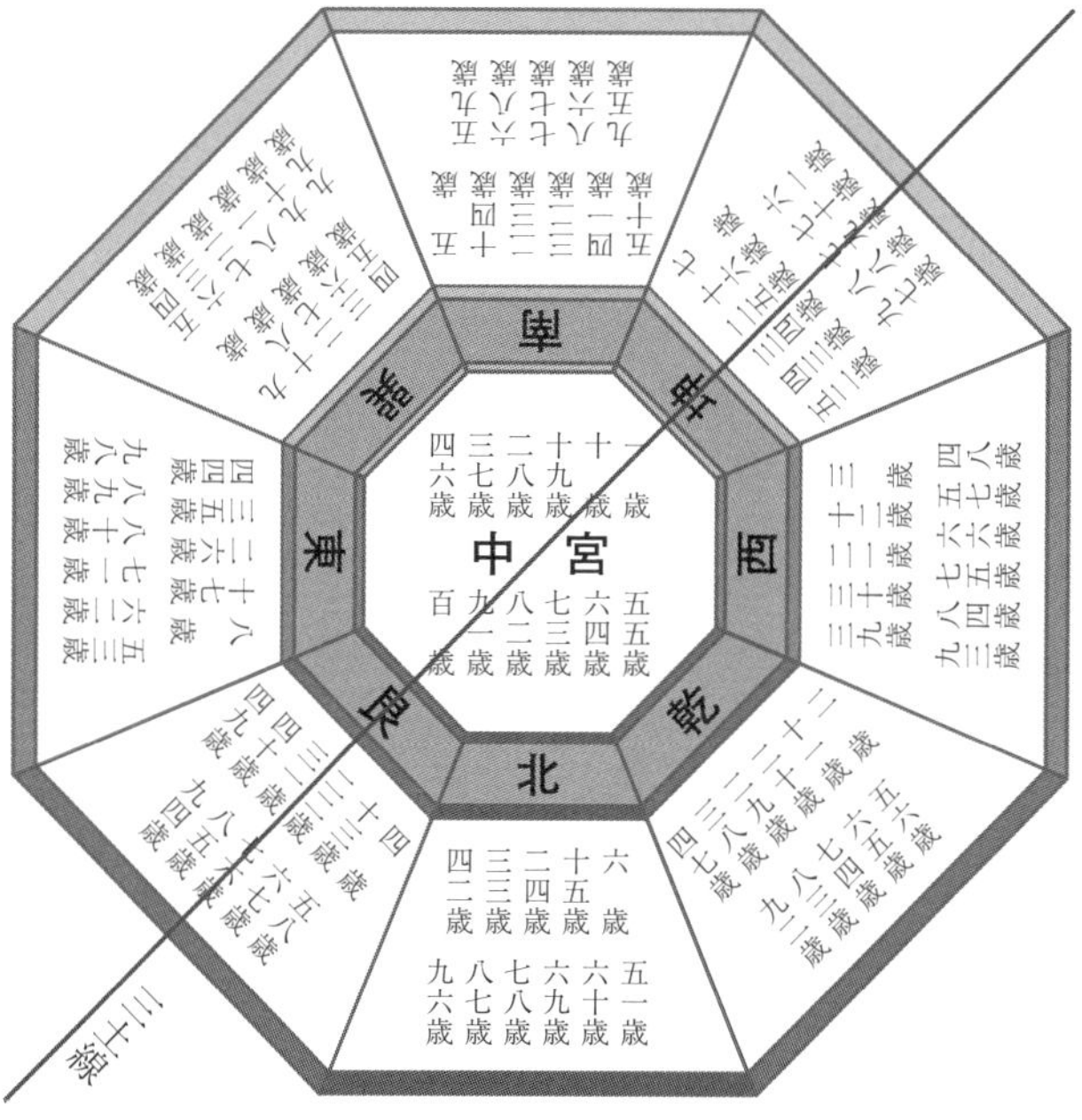

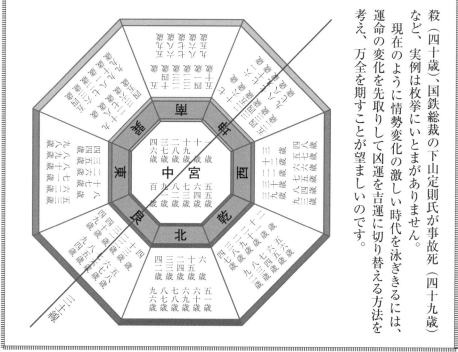

占いの名門!!
高島易断の運命鑑定・人生相談

読者の方のご相談に経験豊富な鑑定師が親切・丁寧にお答えします

①本年の運勢　**一件につき五千円**
特にご希望があればその旨お書き添えください。

②移転、新築　**一件につき五千円**
現住所と(移転先)新築場所・希望地を示した地図。
家族の氏名・生年月日を明記してください。

③家相、地相、墓相　**一件につき五千円**
建築図、地形図に北方位を明示したもの。
家族の生年月日を明記してください。

④命名、撰名、改名　**一件につき三万円**
誕生の生年月日、性別、両親の氏名と生年月日。
氏名にはふりがなをつけてください。

⑤縁談　**一件につき五千円**
当事者双方の氏名、生年月日などを明記してください。
相手方の両親との相性を希望する場合はその旨明記してください。

⑥就職、適性、進路　**一件につき五千円**
当事者の氏名、生年月日を明記してください。
決まっている所があればお書きください。

⑦開店、開業　**一件につき壱万円**
代表者の氏名、生年月日、開業場所の住所を明記してください。

⑧会社名、社名変更(商号、屋号、芸名、雅号含む)　**一件につき五万円**
業種、代表者氏名、生年月日を明記してください。

■面談鑑定お申し込みに際してのご注意
面談鑑定は予約制です。鑑定ご希望の場合は必ず事前に連絡して予約を入れてください。

■通信鑑定お申し込みに際してのご注意
お申し込みは申込書に相談内容の記入漏れがないようはっきりご記入のうえ、必ず鑑定料を添えて現金書留でお送りください。

●お問い合わせ、お申し込み先

〒108-0073　東京都港区三田2-7-9　サニークレスト三田B1
高島易断協同組合　鑑定部　フリーダイヤル0800-111-7805
電話03-5419-7805　FAX03-5419-7800

申込日　　年　　月　　日

鑑定申込書

生年月日	氏名	住所	相談内容（ご相談内容はできるだけ簡単明瞭にお書きください）
大正・昭和 平成・令和 年 月 日生	ふりがな	〒□□□－□□□□	
性別	電話番号		
男・女			
年齢			
歳			

☆ご相談内容は、すべて秘密として厳守いたします。ご記入いただいた個人情報は、運命鑑定以外の目的には使用しません。

高島易断の暦は
いつも、あなたのそばにあり。
毎月・毎日の好運の指針として、
きっとお役に立てることでしょう……。

令和六年 高島易断吉運本暦

蔵　版　高島易断
編　著　高島易断協同組合
発行所　株式会社ディスカヴァー・トゥエンティワン
〒102-0093
東京都千代田区平河町2-16-1
平河町森タワー11F
電　話　03・3237・8321（代表）
FAX　03・3237・8323
印刷製本　中央精版印刷株式会社
DTP　株式会社 T&K
発行日／2023年7月21日　第1刷
ISBN　978-4-7993-2961-0

定価は裏表紙に表示してあります。
乱丁・落丁本は小社にてお取替えいたしますので、
小社「不良品交換係」まで着払いにてお送りください。

■本書の記載内容についてのお問い合わせは、
つぎの所へお願いします。

高島易断協同組合
〒108-0073
東京都港区三田2-7-9 サニークレスト三田B1
電　話　03・5419・7805
FAX　03・5419・7800